La Rochefoucauld

Réflexions ou Sentences et Maximes morales

SUIVI DE

Réflexions diverses

et des Maximes de Madame de Sablé

Édition présentée,
établie et annotée
par Jean Lafond
Professeur à l'Université de Tours

Deuxième édition revue et corrigée

Gallimard

lettre ou billet. Quant au plaisir de la forme, il n'interdit pas un autre travail, de réflexion celui-là, sur quelques-uns des problèmes les plus importants posés par la morale du temps. Pour un La Rochefoucauld, la maxime est, sous le couvert d'un divertissement littéraire, un moyen neuf de connaissance et d'investigation — de soi et du monde — à l'heure des examens de conscience ou, pour reprendre le titre d'un traité anglais dont on a voulu qu'il se fût inspiré, elle est « sonde de la conscience ».

Après les rêves héroïques de la jeunesse et un âge mûr tout occupé par ce « ver rongeur de princerie » que Saint-Simon attribue à tous les aînés de la famille, ce duc et pair de France se penche sur son passé récent — et ce sont les Mémoires —, *sur le monde et sur lui-même — et ce sont les* Maximes. *Les* Mémoires *disent les faits et suggèrent les causes. Selon les principes de l'historiographie en vigueur, elles font appel au jeu des intérêts individuels, à la psychologie des tempéraments et des facultés, ou, quand la psychologie n'y suffit plus, à l'inconstance toute irrationnelle de la Fortune. Les* Maximes *vont reprendre ce schéma, en l'articulant, par une sorte de coupe en profondeur, à une vue unitaire de l'homme.*

Comprendre, c'est sans doute d'abord pour le vaincu de la Fronde, prendre distance par rapport à son échec, et s'efforcer de se connaître enfin. Les contemporains les plus perspicaces, Retz en particulier, avouent leur impuissance à le cerner. N'a-t-il pas toujours fait preuve, et presque simultanément, d'une galanterie et d'une noblesse de caractère renouvelées des Amadis *et d'une lucidité calculatrice toute proche de la duplicité? Ce Beau Ténébreux porte en lui un goût machiavélique de la manœuvre : alliance instable, qui commande une démarche incertaine et velléitaire, et qui est la source de ses déboires dans la vie pratique. Si elle n'explique pas l'œuvre morale, elle désigne sans* doute son point de départ et l'urgence à laquelle répond cette œuvre.

Il serait tentant de penser que la crise vécue dans les années 1653-1658 a abouti, pour La Rochefoucauld, à l'élimination de l'une des deux instances majeures de sa personnalité au profit de l'autre, et, en simplifiant les choses à l'extrême, à la victoire de Machiavel sur Amadis. Sans doute la morale chevaleresque des années 1630-1650 lui apparaît-elle, à la lumière de l'événement, comme porteuse d'illusions néfastes. Mais plus directement que le héros, c'est, dans le héros, le grandissement du moi qui se trouve remis en cause. Le héros n'est condamné que parce qu'il est exaltation vaine et romanesque, cependant qu'il couvre d'un noble prétexte les intérêts les plus égoïstes. C'est à un retournement de la morale héroïque qu'on assiste alors, et La Rochefoucauld est le témoin privilégié de ce retournement. L'affirmation de soi qui constituait le « généreux » — qu'on pense, chez Corneille, à Médée ou à Auguste — est marquée à présent d'un signe négatif et elle fait place à une critique aiguë du moi. Le soin même de la « gloire » est réduit à un leurre, sotte duperie ou hypocrisie bien ajustée. Mais cette critique ne signifie pas un plat ralliement à l'ordre établi, la soumission intellectuelle, et toute machiavé-lique, aux normes conformistes de la société de cour et du pouvoir personnel. La position de retrait prise à l'égard du monde comme il va et de ses falsifications pourrait bien plutôt suggérer que les Maximes, c'est encore la Fronde, mais la Fronde poursuivie par d'autres moyens. Il serait ainsi possible que la morale héroïque fût à la fois dénoncée et sauvée, renvoyée à son envers caché et rétablie, après critique, en un lieu où la critique sur elle n'eût plus de prise.

*

Une philosophie s'offrait alors, qui autorisait ce double mouvement de négation et de restauration des valeurs, et évitait par là même au désenchantement de virer à un ressentiment sans issue. C'est l'augustinisme, et peu importe ici de déterminer si le jansénisme est ou non strictement fidèle à la doctrine de saint Augustin. Ce qui importe, c'est que La Rochefoucauld ait rencontré dans les milieux qu'il fréquente alors la pensée augustinienne dans toute la force de son renouveau. L'académicien Jacques Esprit, qui fut son intendant, est un janséniste déclaré qui a négocié avec Mazarin pour les affaires du parti. Le commerce épistolaire qu'il entretient avec La Rochefoucauld dit assez le rôle qu'il a pu jouer auprès du moraliste. Mᵐᵉ de Sablé s'est aussi tournée depuis quelques années vers Port-Royal. Arnauld d'Andilly est encore des bons amis de l'auteur, dont l'oncle est ce duc de Liancourt, déjà célèbre par sa conversion et les ennuis que lui ont attirés ses prédilections jansénistes. C'est à l'hôtel de Liancourt — plus tard hôtel de La Rochefoucauld — que s'installe l'exilé lorsqu'il peut enfin revenir à Paris.

Sainte-Beuve déjà constatait que l'éthique des Maximes, c'est l'éthique janséniste moins la Rédemption. Nous reviendrons sur la réserve, mais il nous paraît impossible en effet d'éclairer la double dénonciation de l'amour-propre et des « vertus apparentes », qui est au centre de l'œuvre, sans en référer à l'anthropologie augustinienne, telle qu'elle s'exprime en particulier dans la Cité de Dieu. L'homme est, selon saint Augustin, sollicité par deux motivations : l'amour de Dieu, ou charité, qui est à l'origine de la cité de Dieu, de la Jérusalem céleste, et la cupidité ou

amour-propre, qui est à l'origine de la *Babylone
terrestre*. Comme l'écrit le *Père Louis de Grenade,
dans un* Catéchisme *très diffusé alors et peu suspect
d'hérésie janséniste :* les habitants « de Jérusalem sont
tous les bons, ceux de Babylone sont tous les méchants;
le capitaine des premiers est Jésus-Christ, et celui des
autres est le diable. La Jérusalem céleste est édifiée par
l'amour de Dieu, qui porte au mépris de soi-même, et
la Babylone terrestre par l'amour-propre, qui porte les
hommes à mépriser Dieu pour leur intérêt ». *Conséquence et source du péché, l'amour-propre brise le
cercle d'amour qui, parti de Dieu, se doit de revenir à
Dieu par l'intermédiaire et avec le consentement de
l'homme. Qui s'y laisse aller se détourne du plan divin,
et oublie sa finalité véritable pour se préférer, en
préférant son intérêt — biens, gloire ou plaisir — à la
charité. L'amour-propre est donc l'ennemi intérieur à
poursuivre avec une vigilance de tous les instants,
puisque, étant l'* « anti-Dieu » *dont parle Saint-
Cyran, il est l'obstacle premier à toute vie spirituelle
et à toute vérité de soi. C'est bien ainsi qu'il est conçu
dans la longue réflexion qui lui est consacrée en tête de
la première édition (MS 1). Et à cette étude de la
force obscure, rusée, démonique — et, au sens augustinien, démoniaque — qui inspire la conduite de
l'homme lorsque Dieu l'abandonne à lui-même, il n'est
pas étonnant que fasse très exactement écho la pensée
de Pascal sur le* « moi humain » *(Brunschvicg 100; Le
Guern [Folio] 758), puisqu'il s'agit du même thème,
exploité seulement selon des registres de style différents. Le texte de La Rochefoucauld a été parfois
considéré comme une attaque de la religion, puisque
l'empire universel de l'amour-propre semble atteindre
jusqu'aux* « gens de piété qui lui font la guerre »
*(version du manuscrit de Liancourt), une guerre,
semble-t-il, perdue d'avance. Or nous savons maintenant que ce texte était destiné à une religieuse. Dans le*

*prolongement de certains traités de spiritualité, la
critique de l'amour de soi, loin de recouvrir une
critique du christianisme, représente la transposition
au plan moral d'un des moments de l'ascèse spirituelle.
Chose remarquable : dans l'évocation des tours,
détours et métamorphoses de l'insaisissable Protée et
dans la révélation de cette surconscience qui nous
conduit à notre insu, ces pages sont l'une des premières
approches de ce que nous appelons à présent l'inconscient. Approche encore toute mythique mais qui n'a
rien d'accidentel, puisque la notion reparaîtra dans le
cours du livre, ne serait-ce que dans la maxime bien
connue : « l'esprit est toujours la dupe du cœur. »*

*Quant à la dénonciation de « ce que nous prenons
pour des vertus », elle est dirigée, dans un premier
temps, contre ces « vertus apparentes » que sont les
vertus de la sagesse antique. Dans sa lutte contre le
paganisme, saint Augustin récuse les morales qui ont
été construites dans l'ignorance du Christ. Si l'homme
a pu trouver la sagesse et le bonheur en se passant du
Christ, à quoi bon l'Incarnation ? Toutes les vertus des
Stoïciens, ces athlètes de la tension morale, n'étaient
que de fausses vertus, puisque, n'ayant pas le Christ
pour but, elles étaient sans valeur : leur constance si
vantée n'était qu'un orgueil bien caché, leur mépris de
la mort qu'une forfanterie, leur modération qu'un
équilibre précaire entre des vices qui ne s'annihilaient
que parce qu'ils se contrariaient. Cette condamnation
des vertus des « philosophes », et spécialement des plus
ambitieux d'entre eux, les Stoïciens, nous la retrouve-
rons dans les Maximes, et dès le frontispice. N'est-ce
pas à Sénèque que l'Amour de la Vérité, allégorie
chère aux augustiniens, ôte son masque, faisant
apparaître sous l'impassibilité du sage l'inquiétude et
le désarroi ? Or Sénèque est un des maîtres de la pensée
morale du XVIIe siècle, et le débat, abordé au Concile
de Trente, touchant au problème de la « vertu des*

païens », dépasse, par l'enjeu qui y est engagé, le cadre strictement théologique : c'est toute la philosophie morale de l'antiquité qui est en cause, et la légitimité de son réinvestissement dans la pensée chrétienne. En ce sens, c'est l'un des plus grands apports de la Renaissance, l'humanisme comme synthèse de la pensée chrétienne et de la pensée antique, qui est mis en question, et La Rochefoucauld prend rang parmi ceux qui récusent la sagesse humaniste en réactualisant contre néo-stoïciens ou épicuriens modernes, l'affirmation de saint Augustin ou de son disciple, Prosper d'Aquitaine, selon laquelle « les vertus des infidèles — entendez des païens — sont des vices ». L'épigraphe des Maximes ne fera que transposer cette affirmation en la généralisant sous la forme : « Nos vertus ne sont — encore le moraliste ajoute-t-il le plus souvent — que des vices déguisés. »

Qu'est-ce en effet que le païen, sinon chacun de nous lorsqu'il est, précision importante et parfois oubliée, considéré « un état purement naturel », c'est-à-dire « dans cet état déplorable de la nature corrompue par le péché »? La critique des vertus pratiquée par saint Augustin est ici systématisée. Le propos est en effet de démasquer les vertus dont nous sommes éblouis, de démystifier ces fausses vertus que nous prenons un peu vite pour vertus authentiques. La démarche sera donc celle d'une analyse régressive, allant de l'apparence au principe dissimulé mais actif qui les commande en profondeur. Sans le souci de la gloire, y aurait-il des héros? et c'est la maxime 24 : « A une grande vanité près les héros sont faits comme les autres hommes. » Et qu'est-ce que l'humilité, selon la maxime 254, sinon « une feinte soumission, dont on se sert pour soumettre les autres », « un artifice de l'orgueil qui s'abaisse pour s'élever; et bien qu'il se transforme en mille manières, il n'est jamais mieux déguisé et plus capable de tromper que lorsqu'il se

cache sous la figure de l'humilité »? *La vérité est donc
dans le retournement des apparences : l'être est
l'envers du paraître. L'analyse morale répond en cela
à une nécessité imposée par la nature de l'amour-
propre. S'il nous cache en effet nos véritables intentions et si, par la magie qui lui est propre, il nous fait
prendre pour un or pur l'alliage le plus mêlé, la tâche
morale ne peut consister qu'en une analyse incessante
de nos sentiments et de nos vertus. Et pour contreba-
lancer le poids de l'habitude, ne faudra-t-il pas
minorer systématiquement ce que l'amour-propre
majore de façon non moins systématique? De là cette
rencontre si fréquente du retournement et du procès
réducteur, dont la marque stylistique est l'emploi du
restrictif* ne… que : *qu'est-ce ordinairement que la
sincérité? elle* « n'est qu'*une fine* dissimulation *pour
attirer la confiance des autres* ».

Le problème n'est dès lors plus de savoir si les
Maximes *font ou non grâce à telle ou telle vertu, et si
la condamnation porte sur les vertus chrétiennes tout
autant que sur les vertus imparfaites que sont les
« vertus humaines ». C'est en réalité à confirmer les
vertus, mais les vertus véritables, que vise une critique
qui s'attache à séparer le bon grain de l'ivraie. Comme
le dit joliment Georges Braque dans une de ses pensées,
qui semble écrite en marge des* Maximes : « *Le
moraliste perfectionne le mal pour exalter le bien.* » *Et
La Chapelle a raison, dans son* Discours préliminaire,
de réfuter l'argument « que les Réflexions détruisent
toutes les vertus » *en montrant que l'auteur* « prétend
seulement faire voir qu'il n'y en a presque point de
pures dans le monde, et que dans la plupart de nos
actions il y a un mélange d'erreur et de vérité, de
perfection et d'imperfection, de vice et de vertu ». *Mais
s'il n'est de vertu et de bien dignes de ce nom que purs
et sans alliage, il en est du bien comme de l'amour :
« Il n'y a que d'une sorte d'amour, mais il y en a mille

différentes copies » (maxime 74). *Trop d'intérêts divers, notre paresse profonde, le souci de préserver l'image favorable que nous avons ou que nous donnons de nous-mêmes, inclinent notre amour-propre à tout mettre en œuvre pour entretenir et protéger l'illusion où nous sommes d'être bons et vertueux. Contre cette bonne conscience, et les illusions dont elle se nourrit, la dénonciation des vertus a le mérite de nous mettre en garde. Elle se confond ainsi avec la démystification de la bonne conscience et du langage qui lui est associé. Car les mots aussi nous trompent. La vertu n'est pas nécessairement* « *ce que nous appelons* » *vertu, ni le courage ou l'amour ce que nous appelons* courage *ou* amour. *Reprenons à La Chapelle la métaphore de* « *la monnaie de cuir ou de carton* » : *le commandant d'une ville assiégée à qui l'argent manque fait, dit-il, de la monnaie de cuir ou de carton, et* « *cette monnaie a la figure de la bonne* [...] *mais ce n'est que la misère et le besoin qui lui donnent cours parmi les assiégés* ». *Ainsi du monde, c'est-à-dire de la société humaine, où l'absence des vraies valeurs nous contraint trop souvent à prendre l'image pour la chose, l'apparence pour la réalité. Ce n'est donc pas, en définitive, le Bien qui est remis en cause, mais, intentionnelles ou non, ses falsifications. Critiquer l'idée humaine, trop humaine, que* « *naturellement* » *nous en avons, ne peut qu'assurer le Bien dans son intégrité. La distance établie ainsi entre la nature et les valeurs morales laisse entendre un désir extrême, et qui ne va peut-être pas sans quelque intime désespoir, de préserver les valeurs dans ce qu'elles ont de plus authentique. Cette distance est-elle, en fait, autre que celle que l'augustinisme établit entre la nature et la grâce? Devant certaines formes de l'humanisme qui ont tendance à rapprocher l'homme de Dieu, la réaction augustinienne se présente comme un antihumanisme, non qu'elle tourne le dos à l'homme mais elle se refuse à confondre ce qui est de l'homme naturel et ce qui lui est incommensurable, qu'on l'appelle Dieu, le Bien ou le Vrai. Le dessein de maintenir l'écart entre les deux plans a pu conduire La Rochefoucauld à pratiquer une dévaluation plus systématique que toujours parfaitement fondée des motivations de notre conduite et à donner de la nature humaine une image plus simple et plus désolée que ne le voudrait l'augustinisme. Cette systématisation est, à soi seule, indicative de la violence avec laquelle est repoussée toute voie moyenne, qui compromettrait l'être des valeurs dans le non-être de l'homme abandonné à lui-même et à sa faiblesse native. L'extrémisme recouvre à cet égard un essentialisme exaspéré, qui, comme tel, pourrait bien être l'un des avatars de la conscience malheureuse.*

★

Alors, les Maximes, *« école de l'humilité chrétienne », et « préparation à l'Évangile »? et doit-on en conclure « que le chrétien commence où votre philosophe — entendez La Rochefoucauld — finit », comme l'écrivent certains des lecteurs alors consultés sur l'opportunité d'une publication? Tout le monde n'est pas de cet avis. M*me *de Schomberg estime qu'il est pour le moins périlleux de condamner les vertus : « après la lecture de cet écrit, l'on demeure persuadé qu'il n'y a ni vice ni vertu à rien, et que l'on fait nécessairement toutes les actions de la vie. S'il est ainsi que nous ne nous puissions empêcher de faire tout ce que nous désirons, nous sommes excusables, et vous jugez de là combien ces maximes sont dangereuses ». Elle se rencontre en cela avec le lecteur anonyme qui craint « qu'entre les mains des personnes libertines, ou qui auraient de la pente aux opinions nouvelles [...], cet écrit les puisse confirmer dans leur erreur et leur faire croire qu'il n'y a point du tout de vertu ».*

Réserves mesurées, mais qui ne laissent pas d'être inquiétantes. Faudrait-il démasquer à son tour le moraliste qui levait les masques? Et les catégories augustiniennes serviraient-elles à faire passer, en contrebande, une philosophie inavouable?

L'interprétation « libertine » de l'œuvre n'a pas manqué de partisans. L'auteur n'a-t-il pas pris soin d'éliminer de la publication toute maxime présentant un caractère religieux? N'a-t-il pas accordé aux notions de l'humeur et de la fortune une place et une fonction difficilement compatibles avec une philosophie chrétienne, allant jusqu'à soutenir que « la fortune et l'humeur gouvernent le monde »? Laisse-t-il la moindre possibilité à l'idée d'un salut, ce janséniste qui oublie de conclure de l'homme déchu à la nécessité du Rédempteur, de la misère de l'homme naturel au besoin du remède surnaturel? Et par sa théorie de l'honnêteté, n'est-ce pas à définir un art de vivre sans Dieu qu'il s'attache, au lieu de placer Dieu, comme le fait Pascal, au centre de ses préoccupations et de sa quête?

Les arguments avancés en faveur d'un La Rochefoucauld antichrétien sont d'inégale valeur. On ne peut de toute manière leur accorder quelque crédit que si l'on admet que, dans ses Avis *successifs, dans sa lettre au Père Esprit, frère de Jacques, comme dans le* Discours *demandé à La Chapelle, le moraliste a berné non seulement ses lecteurs mais M*me *de Sablé, Jacques et Thomas Esprit, Arnauld d'Andilly, et plus généralement tous les amis augustiniens qu'il fréquente alors assidûment. Berner le lecteur, passe encore, ce serait de bonne guerre pour un « libertin » de se donner pour ce qu'il n'est pas, et les seuls qui fussent dignes de recevoir le message eussent été eux-mêmes « libertins » :* intelligenti pauca. *Mais tromper des chrétiens aussi avertis que les amis de Port-Royal, l'hypothèse est psychologiquement peu recevable. Admettons-la pourtant. Est-ce nécessairement être « libertin » que*

*d'exclure, et encore pas toutes, des maximes de piété
dont la composition date aussi bien d'après que
d'avant la première édition? Mais quand devra-t-on
juger sincère leur auteur : lorsqu'il rédige de telles
maximes ou lorsque, les gardant par-devers lui, il
entendrait manifester ainsi son hostilité à une interprétation chrétienne de son œuvre? N'est-il pas plus
simple d'admettre qu'un moraliste laïque, s'adressant
de surcroît à des « honnêtes gens », avait de bonnes
raisons de ne pas vouloir faire figure de théologien, ne
serait-ce, sans parler des scrupules qu'il pouvait
éprouver à mêler le profane au religieux, ne serait-ce
que le souci de garder l'homogénéité du recueil? Et
c'était être cohérent avec soi-même que de n'accueillir
rien de ce qui relève de la surnature dans un livre qui
s'en tient, par définition, à l'étude de l'homme dans
l'état de nature.*

*Pour l'humeur et la fortune, si elles gouvernent le
monde, elles ne gouvernent que le monde inférieur,
« sublunaire », de la cosmologie aristotélicienne. L'augustinisme du XVIIᵉ siècle fait feu de tout bois et il
n'hésite pas à vouer à l'irrationnel et aux déterminismes les plus aliénants l'homme et la nature
humaine. Le recours aux humeurs représente la
marque et le poids en nous de la réalité physiologique,
et la fortune, autre nom du hasard, la part de tout ce
qui, dans l'histoire, échappe à nos prises. Ces deux
notions sont du reste utilisées par des penseurs aussi
peu suspects qu'Esprit et Senault. Et le Père Bouhours
ne s'y trompe pas lorsqu'il juge des* Maximes : *la
fortune n'y est pour lui qu'une figure de style, une
sorte de licence poétique, comme peuvent, dit-il,
légitimement les admettre ceux qui, sans s'astreindre à
une perspective proprement théologique, traitent de
« pure morale ». Rien là qui heurte à ses yeux le
providentialisme chrétien et c'est sans aucune hésita-*

tion qu'il range l'auteur parmi « nos plus sages écrivains ».

La Rochefoucauld, objecte-t-on encore, ne conclut pas. Il n'a pas, comme le dit avec esprit Paul Bénichou, « invité le lecteur à faire le saut qui conduit de cette misère au salut. Or Dieu a beau être caché, il aime au moins qu'on le dise ». Un auteur de maximes avait-il besoin de donner ses conclusions ? Le devait-il même ? La rhétorique de la pensée détachée, de la réflexion brève exige que le lecteur prenne « tout le loisir de pénétrer le sens et la force des paroles », comme l'écrit fort bien La Chapelle, et qu'il achève de lui-même le « tableau » dont l'auteur ne lui livre que les « premiers traits ». Cet art de la suggestion rejoint la complémentarité pascalienne du convaincre et de l'agréer : pour agréer, il faut « laisser quelque chose à penser ». Ne pas tout dire, ou dire en deçà, c'est dire davantage et mieux. La forme en attente d'une complétude que le lecteur est seul susceptible de lui conférer reçoit de cette collaboration du lecteur à l'œuvre de nouveaux pouvoirs de conviction (rhétorique) et de séduction (esthétique), plaisir et profit allant ici de pair.

Les peintres connaissent de longue date cette esthétique de l'inachèvement à laquelle certains écrivains d'après 1660, La Fontaine ou Méré, paraissent avoir été particulièrement sensibles. N'était-ce pas déjà l'une des leçons de Montaigne, qu'on relit alors ? Or, si nous pouvons hésiter sur les prolongements d'un sens demeuré à dessein ouvert, il ne semble pas que les plus proches relations de l'auteur aient connu nos incertitudes. Mme de Sablé ne rêve-t-elle pas d'avoir « le pouvoir d'enfermer [l'auteur] pour [le] faire travailler à donner la vraie lumière aux hommes » ? L'interprétation du recueil n'a fait véritablement problème qu'avec la publication, c'est-à-dire lors de la rencontre avec le grand public. Le milieu qui avait vu naître

*l'œuvre pouvait formuler des réserves, elles ne tou-
chaient pas à son orthodoxie. La consultation organi-
sée en 1663 prouve néanmoins que l'auteur et ses amis
étaient conscients de la difficulté qu'il pouvait y avoir
à faire passer les* Maximes *d'un univers étroit, où l'on
s'entendait à demi-mot, à l'audience d'un vaste public.
Comme le poème mallarméen, l'œuvre était musique de
chambre, et réservée dans les obscurités ou les provoca-
tions de sa forme à une élite de* happy few : « *cette
beauté, prévient* La Chapelle, *n'est pas faite pour tout
le monde.* »

★

*La méprise s'accrut avec l'apparition de la philoso-
phie des Lumières et particulièrement avec l'utilitarisme qui lui est associé, de Mandeville à Helvétius.
La Rochefoucauld condamnait l'amour-propre. C'est,
pour Helvétius, qu'on l'a mal compris, et l'auteur du
traité* De l'esprit *reprend à son usage la doctrine,
mais en inversant le signe dont était jusqu'ici affecté le
mauvais amour de soi. Est-il rien de plus naturel que
de suivre son intérêt, et l'amour-propre, si injustement
décrié, n'est-il pas le moteur de toute activité sociale et
de tout progrès? Il est bon, puisqu'il est utile. Et si
l'homme est la mesure de toutes choses, il apparaît
superflu de référer ses valeurs à une surnature
inconnue autant qu'inaccessible. La nature ne s'en
définit que plus aisément comme le lieu de tous les
déterminismes et l'homme se trouve intégré par là au
système des forces — intérêt, amour-propre, humeurs
— qui assurent son unité en le « naturalisant » sans
défaut. Dans les conséquences qu'on en tirait ainsi,
l'augustinisme devenait la première victime de son
audace. L'augustinisme, ou, plus exactement, sa version laïcisée et moralisée, moins prudente et moins*

équilibrée par la ressource mystique que celle des théologiens.

La vision du monde qui sous-tend les Maximes est en effet curieusement paradoxale, mais le tour volontiers épigrammatique ou ironique de la réflexion brève ne pouvait que donner plus encore au paradoxe. A moins qu'il ne soit plus exact de dire que la forme de la maxime porte l'auteur à ne retenir de l'augustinisme que ses aspects les plus paradoxaux. Quand La Rochefoucauld écrit, dans la maxime 182 : « Les vices entrent dans la composition des vertus comme les poisons entrent dans la composition des remèdes. La prudence les assemble et les tempère, et elle s'en sert utilement contre les maux de la vie », entend-il, comme on l'a dit, réhabiliter l'amour-propre et nous donner la recette d'un bon usage des vices? Aucunement : la même image, de saint Augustin à Montaigne ou à Senault, des vices poisons et remèdes ne s'emploie qu'à rendre manifeste l'étrangeté de la condition humaine, où il est fréquent que le Mal produise le Bien. Car il n'est rien d'inutile en Nature, tout y joue quelque rôle et a sa fonction, les péchés même — le etiam peccata placé en exergue du Soulier de Satin — entrent dans l'économie du salut. Mais l'utilité du Mal n'est possible que du fait de la faiblesse et de la misère de l'homme déchu, et loin d'être une force, elle est le signe par excellence à quoi se trahit cette faiblesse. Le Bien auquel on parvient par les voies, fussent-elles inconscientes, du Mal n'est pas le Bien absolu, qui seul est authentique. C'est un Bien partiel et dégradé, un Bien qui ne répond qu'à l'infirmité de la condition humaine : c'est la « monnaie de cuir et de carton » de La Chapelle, nécessaire sans doute et bonne, mais bonne relativement aux circonstances, puisqu'elle n'est que la réplique et le substitut d'une meilleure monnaie. Tout le monde s'accorde ainsi à penser que la vanité est un mal. On doit pourtant reconnaître qu'elle est à *l'origine d'actes vertueux, c'est-à-dire d'une vertu de fait à laquelle il serait souvent plus difficile d'accéder par la seule considération du Bien : « la vertu n'irait pas si loin si la vanité ne lui tenait compagnie » (maxime 200). Faut-il pour autant faire l'éloge de la vanité et l'entretenir en chacun de nous? Il n'en saurait être question. Elle est seulement cet instrument, en lui-même mauvais, qui est susceptible de produire certains actes objectivement vertueux. Instrument de misère, qui n'est que trop bien accordé à notre nature misérable. Dans le même esprit, Nicole montrera que l'amour-propre suffit à assurer la cohérence du corps social, qu'il maintient dans l'ordre et la paix, sans qu'il soit nécessaire de faire appel à la charité, dont la voie serait, pour beaucoup, trop longue et trop pénible : paradoxe, là encore, et qui prépare peut-être dangereusement la conception, à la Mandeville, des « vices privés, source des bienfaits publics », mais la position de Nicole ne contrevient pas à sa condamnation de l'amour-propre, qui reste toujours très ferme.*

Ainsi, la maxime 182 ne nous propose pas — solution optimiste — de faire des vertus avec des vices, elle se contente d'éclairer le paradoxe d'un univers où le Mal collabore au Bien. Nous n'avons donc pas à tirer profit, encore moins à nous réjouir d'un renversement qui mettrait l'amour-propre au service du vrai Bien : le propos ne tend qu'à mettre en lumière la déréliction d'un être plus facilement, plus utilement — hélas — accordé au Mal qu'au Bien. Avant que ne se répande l'utilitarisme des Lumières, la formule n'avait guère besoin d'être commentée pour être située : sans remonter à saint Augustin, il suffisait de se souvenir de Montaigne et du Père Senault. Après, l'équivoque devient possible, et Helvétius n'est, dans une longue lignée, que le premier qui fasse de La Rochefoucauld un matérialiste avant la lettre, un « libertin » habilement couvert du masque janséniste.

En réalité le moraliste augustinien ne constate l'utilité du Mal en ce monde — que ce mal ait nom folie ou amour-propre — qu'avec la conscience douloureuse de la détresse humaine. La froideur du constat dans les Maximes *ne doit pas faire illusion : la « mélancolie » que s'attribuait leur auteur dans son autoportrait est sous-jacente au texte, et cette difficulté à vivre dans l'ici-bas, qui tient à une véritable nostalgie des valeurs. Nous la retrouvons dans la maxime 69, où la distance où nous sommes du véritable amour est de même ordre que la distance infinie où nous sommes du véritable Bien :* « S'il y a un amour pur et exempt du mélange de nos autres passions, c'est celui qui est caché au fond du cœur, et que nous ignorons nous-mêmes. » *Non seulement nos vertus ne sont le plus souvent que les productions masquées de nos vices, et la vertu en soi nous échappe, mais, éprouvons-nous un sentiment sincère et vrai, il nous échappe également, et nous demeurons dans l'ignorance de ce qui ferait notre vérité. Fausseté ici, inconscience là : c'est assez dire que, quel que soit l'angle sous lequel on l'envisage, la vérité de l'être humain est hors de portée, et, pour emprunter à Pascal sa terminologie,* « ambiguïté ambiguë ».

Ce pessimisme est-il cependant à prendre au pied de la lettre, et ne pourrait-on pas suspecter ici, comme le faisait Valéry à propos de Pascal, la main de l'auteur, et sa « pensée de derrière » ? C'est ce qu'on pourrait lire dans l'aveu de la lettre au Père Thomas Esprit, où, pour justifier certaines affirmations trop catégoriques, dont précisément celle de la future maxime 182, La Rochefoucauld assure que « l'on n'a pu trop exagérer les misères et les contrariétés du cœur humain pour humilier l'orgueil ridicule dont il est rempli » *et* « faire voir [à l'homme] le besoin qu'il a en toutes choses d'être soutenu et redressé par le christianisme ». *Ce tableau, qui se donnait pour un « portrait » fidèle*

« *du cœur de l'homme* », *n'était donc pas sans intentions cachées? Peut-être y a-t-il en effet là, comme le tentait Pascal par d'autres voies, un dessein très concerté de désespérer le lecteur, de lui ôter tout espoir de trouver à son infirmité d'autre solution que la solution chrétienne. Au moins faut-il en rabattre sur le rôle de l'observation, dont on a longtemps dit qu'elle était au départ du « système ». L'observation n'a du reste jamais rien dit à ceux qui n'ont pas de questions précises à poser à la réalité : il fallait bien qu'il disposât du « système » de l'amour-propre et des vertus apparentes pour que La Rochefoucauld tirât de sa propre expérience autre chose qu'un savoir en miettes.*

Quant au dessein de mener à la foi par la seule considération de l'homme abandonné à lui-même, peut-être n'est-ce là qu'un argument produit pour les besoins de la cause, pour la défense de l'œuvre. L'ambition du livre est-elle d'échapper aux limites de la morale et de la psychologie, où l'auteur épuise, comme dira La Bruyère, sa « délicatesse » à démêler des nuances jusqu'ici inaperçues? L'intention apologétique, si elle existe, ne se trahit aucunement et elle serait, de toute façon, indirecte et seconde par rapport aux intentions affichées, qui se résument dans la description critique de l'amour-propre et des vertus. C'est accorder à l'honnêteté beaucoup plus que ne lui concède Pascal : à chacun de se connaître, grâce au miroir que lui tendent les Maximes, à chacun aussi d'en tirer telle conclusion qu'il lui plaira. A l'honnête homme est reconnue la pleine responsabilité de sa lecture.

★

La morale de l'œuvre ne trouve donc pas, à nos yeux, ses conclusions ultimes dans une sagesse profane et antichrétienne, et cela, quelle que soit la place ici accordée à l'élaboration d'une doctrine de l'honnêteté.

En ce XVIIe *siècle si éminemment sociable, la néces-*
sité est admise par tous d'assurer le bon fonctionne-
ment de la vie de société par l'établissement d'un code
de règles individuelles librement consenties. « *Il serait*
inutile de dire combien la société est nécessaire aux
hommes : tous la désirent et tous la cherchent », *écrit*
l'auteur de la deuxième des Réflexions diverses. *Ce*
n'est pas qu'on doive en devenir infidèle à l'exigence
fondamentale, qui est celle d'une vérité de soi conçue
comme authenticité : si nous ne pouvons espérer tuer
définitivement en nous l'amour-propre, encore faut-il
tenter d'être vrai, tour que La Rochefoucauld inventa,
dit-on, pour caractériser Mme de Lafayette. Mais
dans nos rapports avec les autres, nous ne pouvons pas
ne pas tenir compte de leur amour-propre et ne pas
chercher à le ménager. La relation à établir est alors,
comme pour le monument ou le tableau, affaire de
point de vue. Le recours, dans les premières
Réflexions diverses, *à la catégorie esthétique du*
« *point de perspective* » *corrige ce que l'éthique aurait*
ici de trop étroit. La doctrine de l'honnêteté qui y est
exposée reste à mi-hauteur. L'honnêteté ne sera jamais
la sagesse, elle en est au plus la version mondaine. La
maxime 207, écrite en écho à Érasme, à Montaigne,
mais aussi à Pascal, enseigne qu'il ne saurait y avoir
de sagesse véritable pour un être que la folie « *suit dans*
tous les temps de la vie ». *Ce n'est pas cependant une*
raison pour livrer le monde au désordre des égoïsmes ;
mais sachons distinguer, cette fois encore, l'organisa-
tion du provisoire qu'est l'honnêteté et la recherche
d'un absolu qui ne se satisfait d'aucune des sagesses
humaines.

L'intérêt accordé à l'honnête homme, s'il ne contre-
dit pas à l'augustinisme, ouvre le champ à d'autres
domaines. Bon nombre de réflexions sur les femmes,
l'amour, le monde ou l'esprit, n'ont qu'un rapport
assez lâche, ou n'ont aucun rapport, avec la ligne géné-

rale des Maximes *et des* Réflexions diverses. *L'angle
d'attaque est sans doute fréquemment celui de la satire,
comme le veut, au frontispice de 1665, la citation d'un
vers-programme d'Horace :* « ridentem dicere verum
Quid vetat? », « *pourquoi ne pourrait-on dire le vrai
en plaisantant?* ». *Mais la satire n'est pas plus
contraignante que la vision du monde augustinienne :
l'auteur propose plus qu'il n'impose. Il ne s'interdit
pas les réflexions* « positives » *en faveur du jugement,
de la raison, de l'intrépidité du héros ou des qualités
d'une amitié* « vraie et parfaite ». *La liberté laissée au
lecteur est la mesure de la liberté que s'accorde
l'auteur.* « Salut, exact, de part et d'autre. » *Fût-il
augustinien, La Rochefoucauld est trop grand seigneur
pour avoir jamais cru devoir renoncer aux droits de
cette liberté et à son exercice — vertu et parfois limite
d'une position sociale qui engage à la pratique d'un
style, à l'exercice d'une maîtrise. C'est sans doute le
seul côté* « nietzschéen » *de l'œuvre : si cette beauté
n'est pas accessible à tous, cette morale part elle-même
d'assez haut pour n'être pas donnée à tous.*

*L'obscurité relative et la tenue de la forme sont en
cela barrières de protection contre toute chute éven-
tuelle dans la sentence-lieu commun et dans la
banalisation du propos. C'est en ce sens que la pensée,
où la tension reste toujours possible entre l'anthropologie augustinienne et la culture de l'honnête homme, est
moins essentielle à l'œuvre que son style, entendu
comme écriture et mode d'appropriation d'une expérience. Ce moraliste est d'abord un écrivain, qui,
comme tout écrivain, ne dit que ce qu'il est en mesure
de dire. Nous ne mettons pas ainsi en cause l'expression littéraire, qui peut être plus féconde et riche de
pensée que ne l'est l'écriture dépouillée et rigoureuse-
ment adéquate à elle-même que veut être l'expression
philosophique. Comme le dit, dans son* Proust et les
signes, *Gilles Deleuze :* « Une œuvre d'art vaut

*mieux qu'un ouvrage philosophique; car ce qui est
enveloppé dans le signe est plus profond que toutes les
significations explicites [...] et, plus important que la
pensée, il y a "ce qui nous donne à penser"
(Proust).* » *Même pour qui occupe, comme La Rochefoucauld, le terrain d'une littérature des idées, la
profondeur de la pensée est d'abord atteinte comme
effet de profondeur, miroitement qui fait de la surface
de la forme la promesse d'une profondeur «vraie». Et
il en est de cette vérité comme de la ressemblance des
portraits dont nous ne connaissons pas les modèles :
tout art véritable convainc sans avoir à donner ses
preuves. Dès lors, entrer en littérature, pour le lecteur
comme pour l'auteur, c'est s'engager à ne pas demander à la littérature ce qu'elle n'offre ni ne promet.
Pourtant, à qui s'en tient à ses limites, il arrive que
quelque chose soit donné de surcroît, gracieusement,
que rien d'autre ne pouvait donner.*

Jean Lafond.

Nous avons, pour l'essentiel, adopté le texte revu et corrigé de l'édition donnée par Jacques Truchet dans les Classiques Garnier (3e éd., 1983). Cette édition marque en effet dans sa conception un progrès très net par rapport aux publications antérieures, toutes calquées sur l'édition Gilbert des Grands Écrivains de la France (1868-1883). Rappelons que l'orthographe et la ponctuation y ont été modernisées, usage que nous avons maintenu ici.

Si les 504 maximes de 1678 ne font pas problème, il n'en est pas de même pour les « maximes supprimées » et les « maximes posthumes ». Les premières ont été retranchées entre la deuxième (1666) et la cinquième édition (1678). Les secondes ne sont dites « posthumes » que parce que Gilbert était convaincu que les maximes inédites fournies par le *Supplément* de 1693 (6e éd.) avaient été « composées vraisemblablement entre la dernière édition de l'auteur (1678) et sa mort (1680) ». A ces maximes, il joignait celles qu'il tirait des manuscrits et qui n'avaient jamais été publiées. J. Truchet a pu montrer qu'en réalité les réflexions de 1693 avaient été composées entre 1671 (3e éd.) et 1675 (4e éd.). L'ensemble des maximes dites

« posthumes », qu'elles soient extraites du *Supplément* ou des manuscrits, ne représente plus dès lors, comme le suggère le terme de « posthumes », des textes que, du fait de la mort, l'auteur n'aurait pas été en mesure de publier. Il s'agit, ce qui est fort différent, de réflexions que l'auteur pouvait publier et qu'il a délibérément décidé d'écarter.

Nous aurions néanmoins maintenu le terme de « maximes posthumes » s'il n'était susceptible de conduire à certaines équivoques. Nous n'en voulons qu'une preuve. Abusé par la pratique courante qui met indistinctement ces maximes au plan des maximes publiées, Albert Camus s'indigne qu'on puisse écrire : « Le travail du corps délivre des peines de l'esprit, et c'est ce qui rend les pauvres heureux » (Introduction aux *Maximes et Anecdotes* de Chamfort). Indéfendable ou non, cette réflexion n'a jamais été publiée par l'auteur, alors qu'il avait tout loisir de l'incorporer à la quatrième édition. Il serait pour le moins équitable d'en tenir compte. Et, plus généralement, quelles que soient les raisons qu'ait eues La Rochefoucauld de les garder par-devers lui, on ne saurait placer ces maximes sur un pied d'égalité avec les maximes qui ont reçu l'aveu de la publication. On peut discuter du bien-fondé de leur élimination, on ne peut pas la négliger comme insignifiante.

Les maximes se situent ainsi à l'un des trois niveaux que nous venons de faire apparaître. Les 504 maximes de la dernière édition publiée du vivant de l'auteur forment le premier niveau, et elles correspondent à un état du texte, celui de 1678. Le privilège accordé à cette dernière édition peut évidemment être contesté, et nous avions un moment envisagé de donner chacune des maximes dans ses états successifs. Les impératifs de cette publication ne nous ont pas permis de réaliser ce projet. Le choix de variantes que nous donnons suppléera en partie à l'impossibilité où nous sommes de présenter le texte dans son développement.

Les maximes *supprimées* constituent un deuxième niveau, puisqu'elles ont été retranchées, mais *après* publication. Les maximes dites « posthumes », que nous proposons d'appeler « maximes écartées », ont été éliminées *avant* publication et représentent donc un troisième niveau du texte. Du reste, on le verra par les notes, certaines d'entre elles sont encore à mi-chemin entre leur source et une formulation neuve qui signerait l'appropriation par l'auteur de telle idée ou de tel thème.

★

Comme l'a fait très rationnellement l'édition Truchet, nous donnons les *maximes supprimées* sous une numérotation distincte et selon l'ordre chronologique de leur élimination, de la deuxième à la cinquième édition. Nous nous rallions aux conclusions de Jacques Truchet à deux exceptions près :

1. Nous incorporons aux maximes supprimées la maxime G.E.F. 607 (IV 172), qui, même si elle en est l'origine, coexiste avec l'épigraphe dans la quatrième édition. Elle a donc sa place entre les réflexions MS 67 (IV 158) et MS 68 (IV 183).

2. Nous excluons MS 53 (I 285, 1er état) qui, comme le notait déjà Gilbert, a été fondue dans le texte de la maxime finale (V 504), où le membre de phrase « *persuader que la mort n'est pas un mal* » vient directement de I 285, 1er état.

Notre numérotation est ainsi identique à celle de l'édition Truchet pour MS 1 à MS 52 et MS 68 à MS 74. Elle en diffère, d'une unité, de MS 54, devenant MS 53, à MS 67, devenue MS 66. Cette différence disparaît après l'ajout de la maxime G.E.F. 607, soit IV 172, qui devient MS 67.

On ne trouvera pas plus ici que dans l'édition Truchet les maximes G.E.F. 588, 598, 599, 623 et 631, qui n'ont jamais été « supprimées », mais sont soit des variantes des maximes 92 (G.E.F. 588), 150 (G.E.F. 598-599) et 1 (G.E.F. 631), soit un doublet inutile, G.E.F. 623 ayant été donnée deux fois dans la première édition (I 257, et fin de I 288).

★

Pour les *maximes écartées,* qui correspondent aux maximes « posthumes » des éditions G.E.F. et Truchet, nous avons adopté le même ordre de présentation chronologique que pour les maximes supprimées. Ce choix nous a conduit à modifier parfois sensiblement le classement de l'édition Truchet. Mais, à sa suite, nous avons exclu les réflexions qui n'étaient que des variantes des maximes publiées. Nous avons ainsi refusé d'admettre ici les réflexions MP 5, MP 9, MP 12, MP 27, où nous voyons les premiers états, fussent-ils absorbés dans un développement plus étendu, de I 129 (★V 127), I 138 (★MS 25), I 317 (★V 504) et L 154, qui, à son tour, donnera I 150 (★V 146) (cf. *infra* le tableau des sigles). A l'inverse nous retenons L 249 qui n'est pas, à nos yeux, la première version de I 265 ou de I 272 (★V 243), à quoi suffit L 14 (cf. A. Bruzzi, *Le « Maximes » di La Rochefoucauld,* Bologna, 1968). Nous la plaçons entre L 245 (MP 20 ou ME 17) et L 255 (MP 21), soit en ME 18.

Nous ajoutons aux maximes déjà connues deux maximes inédites, provenant d'un manuscrit de l'Arsenal, et que nous avons toutes raisons d'attribuer au moraliste (cf. J. Lafond, *La Rochefoucauld. Augustinisme et littérature*, p. 246) : ce sont les maximes ME 31 et ME 32, qui appartiennent à une liste de réflexions dont toutes, sauf celles-là, ont été publiées en 1671.

On trouvera donc successivement :

1. Les maximes antérieures à la première édition, provenant soit du manuscrit de Liancourt (ME 1 à ME 24), soit des copies de 1663 (ME 25), soit de l'édition de Hollande (ME 26 et ME 27). Cette édition ayant été faite sans l'aveu de l'auteur, il n'est pas exclu que ME 26 et ME 27 soient, partiellement ou totalement, apocryphes : elles sont, pour cette raison, imprimées en italiques.

2. Les maximes composées entre la deuxième (1666) et la troisième édition (1671). Trois proviennent d'une lettre de 1667 (la lettre 43 de l'édition Truchet) : ce sont ME 28, 29, 30, et deux du manuscrit de l'Arsenal où nous les avons découvertes : ce sont ME 31 et 32.

3. Les maximes composées entre la troisième (1671) et la quatrième édition (1675) : l'une, ME 33, est tirée d'une lettre (lettre 44 de l'édition Truchet), les autres, ME 34 à ME 57, sont tirées du *Supplément* de 1693 dont nous avons parlé plus haut.

Nous donnons en note (note 69) les maximes que l'édition G.E.F., pour G.E.F. 562, et l'édition Truchet, pour MP 59, 60 et 61, incorporaient au groupe des maximes posthumes. Il s'agit de « mots » que des contemporains de l'auteur lui attribuent. Ces sentences n'ayant été retenues dans aucune édition par La Rochefoucauld, et leur authenticité demeurant incertaine, il nous a paru préférable de ne pas même les admettre au nombre des maximes.

Tant pour les *maximes supprimées* que pour les *maximes écartées,* on pourra consulter les tables de concordance que nous avons établies et qu'on trouvera ci-après.

*

Pour les *Réflexions diverses,* nous n'avons eu qu'à suivre l'édition Truchet, établie d'après ce qui semble être la dernière mise au point du texte, le manuscrit 325 *bis* (cf. *infra,* notre Histoire du texte).

Ce manuscrit contenant quelques portraits, nous leur avons adjoint, comme l'ont fait jusqu'ici la plupart des éditeurs, le portrait de La Rochefoucauld par lui-même, publié en 1659 sous le couvert de l'anonymat.

TABLE DE CONCORDANCE
DES MAXIMES SUPPRIMÉES

Éd. G.E.F.	Éd. Truchet	Présente édition	Éd. G.E.F.	Éd. Truchet	Présente édition	Éd. G.E.F.	Éd. Truchet	Présente édition
563	1	1	590	66	65	617	69	69
564	2	2	591	22	22	618	43	43
565	3	3	592	23	23	619	70	70
566	4	4	593	24	24	620	44	44
567	5	5	594	25	25	621	45	45
568	6	6	595	26	26	622	46	46
569	7	7	596	27	27	623	(I 257 et 288)	(*V 265)
570	8	8	597	28	28			
571	61	60	598	(I 155)	(*V 150)	624	47	47
572	9	9	599	(I 156)	(*V 150)	625	48	48
573	10	10	600	29	29	626	49	49
574	11	11	601	30	30	627	50	50
575	12	12	602	31	31	628	51	51
576	13	13	603	67	66	629	52	52
577	62	61	604	32	32	630	54	53
578	14	14	605	33	33	631	(I 293)	(*V 1)
579	15	15	606	34	34	632	71	71
580	16	16	607	(IV 172)	67	633	72	72
581	63	62	608	68	68	634	55	54
582	17	17	609	35	35	635	56	55
583	18	18	610	36	36	636	57	56
584	64	63	611	37	37	637	58	57
585	19	19	612	38	38	638	59	58
586	20	20	613	39	39	639	60	59
587	65	64	614	40	40	640	73	73
588	(I 104)	(*V 92)	615	41	41	641	74	74
589	21	21	616	42	42			

TABLE DE CONCORDANCE
DES MAXIMES ÉCARTÉES

Édition G.E.F.	Édition Truchet	Présente édition	Édition G.E.F.	Édition Truchet	Présente édition
505	9	(*MS 25)	535	36	35
506	6	5	536	37	36
507	(L 121)	(*MS 5)	537	38	37
508	17	14	538	39	38
509	22	20	539	40	39
510	26	24	540	41	40
511	8	7	541	42	41
512	13	10	542	43	42
513	25	23	543	44	43
514	18	15	544	45	44
515	23	21	545	46	45
516	11	9	546	47	46
517	7	6	547	48	47
518	(G 261)	(*V 261)	548	49	48
519	14	11	549	50	49
520	3	3	550	51	50
521	4	4	551	52	51
522	1	1	552	(suppl. 1693)	(*V 368)
523	10	8	553	(suppl. 1693)	(*V 371)
524	20	17	554	53	52
525	24	22	555	(suppl. 1693)	(*V 352)
526	15	12	556	31	33
527	21	19	557	54	53
528	16	13	558	55	54
529	2	2	559	56	55
530	27	(*V 146)	560	57	56
531	28	28	561	58	57
532	29	29	562	59	note 69
533	30	30	—	60	note 69
534	35	34	—	61	note 69

Outre MP 60 et MP 61, nous donnons sept maximes écartées que ne donne pas l'éd. G.E.F. : ME 16 (MP 19), ME 18 (L 249), ME 25 (SL 2 ou *MP 32), ME 26 (MP 33), ME 27)MP 34) et les maximes inédites ME 31 et ME 32.

SIGLES

MS : maxime supprimée.

MP : maxime posthume de l'édition Truchet.

ME : maxime écartée, correspondant dans cette édition à la « maxime posthume » de l'édition Truchet : voir la *Note de l'éditeur.*

I : 1re édition de 1665.

II : 2e édition de 1666.

III : 3e édition de 1671.

IV : 4e édition de 1675.

V : 5e édition de 1678.

Suppl. 1693 : Supplément de la 6e édition (1693).

H : édition subreptice de Hollande (1664).

G : manuscrit Gilbert.

L : manuscrit de Liancourt.

SL : manuscrit Smith-Lesouëf (copie de 1663).

Réflexion I, II, III... : pièces I, II, III... des *Réflexions diverses.*

Lettre 1, 2, 3... : lettre 1, 2, 3... de l'édition Truchet.

G.E.F. : Édition des Grands Écrivains de la France (1868-1883).

R.H.L.F. : *Revue d'Histoire littéraire de la France.*

* : Les astérisques dans le texte renvoient au choix de variantes qui figure en fin de volume, p. 271. Les astérisques avant une référence indiquent une variante (exemple : *V 265 = variante de V 265).

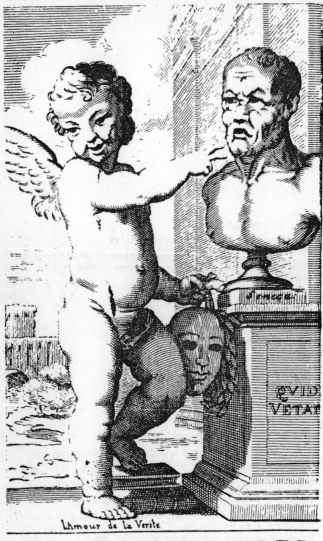

L'Amour de la Verité

REFLEXIONS MORALES.

Stph. Picart Ro.... scul

REFLEXIONS

O V

SENTENCES

E T

MAXIMES

MORALES.

A PARIS,

Chez CLAVDE BARBIN, vis à vis
le Portail de la Sainte Chapelle.
au signe de la Croix.

M. DC. LXV.

AVEC PRIVILEGE DV ROY

Le frontispice et la page de titre que nous reproduisons sont ceux de la première édition (1665). Le frontispice subsistera jusqu'à la quatrième édition (1675), pour disparaître avec la cinquième (1678), dont nous suivons le texte.

LE LIBRAIRE AU LECTEUR

Cette cinquième édition des Réflexions morales est augmentée de plus de cent nouvelles maximes, et plus exacte que les quatre premières. L'approbation que le public leur a donnée est au-dessus de ce que je puis dire en leur faveur. Et si elles sont telles que je les crois, comme j'ai sujet d'en être persuadé, on ne pourrait leur faire plus de tort que de s'imaginer qu'elles eussent besoin d'apologie. Je me contenterai de vous avertir de deux choses : l'une, que par le mot d'*Intérêt,* on n'entend pas toujours un intérêt de bien, mais le plus souvent un intérêt d'honneur ou de gloire; et l'autre (qui est comme le fondement de toutes ces réflexions), que celui qui les a faites n'a considéré les hommes que dans cet état déplorable de la nature corrompue par le péché; et qu'ainsi la manière dont il parle de ce nombre infini de défauts qui se rencontrent dans leurs vertus apparentes ne regarde point ceux que Dieu en préserve par une grâce particulière.

Pour ce qui est de l'ordre de ces réflexions, on n'aura pas de peine à juger que comme elles sont toutes sur des matières différentes, il était difficile d'y en observer. Et bien qu'il y en ait plusieurs sur un même sujet, on n'a pas cru les devoir toujours mettre de suite, de crainte d'ennuyer le lecteur; mais on les trouvera dans la table [1].

RÉFLEXIONS MORALES

*Nos vertus ne sont, le plus souvent,
que des vices déguisés* ★[2].

1

Ce que nous prenons pour des vertus n'est souvent qu'un assemblage de diverses actions et de divers intérêts, que la fortune ou notre industrie savent arranger; et ce n'est pas toujours par valeur et par chasteté que les hommes sont vaillants, et que les femmes sont chastes ★.

2

L'amour-propre est le plus grand de tous les flatteurs.

3

Quelque découverte que l'on ait faite dans le pays de l'amour-propre, il y reste encore bien des terres inconnues [3].

4

L'amour-propre est plus habile que le plus habile homme du monde.

5

La durée de nos passions ne dépend pas plus de nous que la durée de notre vie.

6

La passion fait souvent un fou du plus habile homme, et rend souvent les plus sots habiles.

7

Ces grandes et éclatantes actions qui éblouissent les yeux sont représentées par les politiques comme les effets des grands desseins, au lieu que ce sont d'ordinaire les effets de l'humeur et des passions. Ainsi la guerre d'Auguste et d'Antoine, qu'on rapporte à l'ambition qu'ils avaient de se rendre maîtres du monde, n'était peut-être qu'un effet de jalousie.

8

Les passions sont les seuls orateurs qui persuadent toujours. Elles sont comme un art de la nature dont les règles sont infaillibles; et l'homme le plus simple qui a de la passion persuade mieux que le plus éloquent qui n'en a point.

9

Les passions ont une injustice et un propre

intérêt qui fait qu'il est dangereux de les suivre, et qu'on s'en doit défier lors même qu'elles paraissent les plus raisonnables ★4.

10

Il y a dans le cœur humain une génération perpétuelle de passions, en sorte que la ruine de l'une est presque toujours l'établissement d'une autre.

11

Les passions en engendrent souvent qui leur sont contraires. L'avarice produit quelquefois la prodigalité, et la prodigalité l'avarice; on est souvent ferme par faiblesse, et audacieux par timidité.

12

Quelque soin que l'on prenne de couvrir ses passions par des apparences de piété et d'honneur, elles paraissent toujours au travers de ces voiles.

13

Notre amour-propre souffre plus impatiemment la condamnation de nos goûts que de nos opinions.

14

Les hommes ne sont pas seulement sujets à perdre le souvenir des bienfaits et des injures; ils haïssent même ceux qui les ont obligés, et cessent de haïr ceux qui leur ont fait des outrages. L'application à récompenser le bien, et à se venger du mal, leur paraît une servitude à laquelle ils ont peine de se soumettre.

15

La clémence des princes n'est souvent qu'une politique pour gagner l'affection des peuples.

16

Cette clémence dont on fait une vertu se pratique tantôt par vanité, quelquefois par paresse, souvent par crainte, et presque toujours par tous les trois ensemble *[5].

17

La modération des personnes heureuses vient du calme que la bonne fortune donne à leur humeur.

18

La modération est une crainte de tomber dans l'envie et dans le mépris que méritent ceux qui s'enivrent de leur bonheur; c'est une vaine ostentation de la force de notre esprit; et enfin la modération des hommes dans leur plus haute élévation est un désir de paraître plus grands que leur fortune.

19

Nous avons tous assez de force pour supporter les maux d'autrui.

20

La constance des sages n'est que l'art de renfermer leur agitation dans le cœur [6].

21

Ceux qu'on condamne au supplice affectent quelquefois une constance et un mépris de la mort qui n'est en effet que la crainte de l'envisager. De sorte qu'on peut dire que cette constance et ce mépris sont à leur esprit ce que le bandeau est à leurs yeux.

22

La philosophie triomphe aisément des maux passés et des maux à venir. Mais les maux présents triomphent d'elle *.

23

Peu de gens connaissent la mort. On ne la souffre pas ordinairement par résolution, mais par stupidité et par coutume; et la plupart des hommes meurent parce qu'on ne peut s'empêcher de mourir.

24

Lorsque les grands hommes se laissent abattre par la longueur de leurs infortunes, ils font voir qu'ils ne les soutenaient que par la force de leur ambition, et non par celle de leur âme, et qu'à une grande vanité près les héros sont faits comme les autres hommes.

25

Il faut de plus grandes vertus pour soutenir la bonne fortune que la mauvaise.

26

Le soleil ni la mort ne se peuvent regarder fixement[7].

27

On fait souvent vanité des passions même les plus criminelles; mais l'envie est une passion timide et honteuse que l'on n'ose jamais avouer.

28

La jalousie est en quelque manière juste et raisonnable, puisqu'elle ne tend qu'à conserver un bien qui nous appartient, ou que nous croyons nous appartenir; au lieu que l'envie est une fureur qui ne peut souffrir le bien des autres.

29

Le mal que nous faisons ne nous attire pas tant de persécution et de haine que nos bonnes qualités.

30

Nous avons plus de force que de volonté; et c'est souvent pour nous excuser à nous-mêmes que nous nous imaginons que les choses sont impossibles.

31

Si nous n'avions point de défauts, nous ne prendrions pas tant de plaisir à en remarquer dans les autres.

32

La jalousie se nourrit dans les doutes, et elle devient fureur, ou elle finit, sitôt qu'on passe du doute à la certitude *.

33

L'orgueil se dédommage toujours et ne perd rien lors même qu'il renonce à la vanité.

34

Si nous n'avions point d'orgueil, nous ne nous plaindrions pas de celui des autres.

35

L'orgueil est égal dans tous les hommes, et il n'y a de différence qu'aux moyens et à la manière de le mettre au jour.

36

Il semble que la nature, qui a si sagement disposé les organes de notre corps pour nous rendre heureux, nous ait aussi donné l'orgueil pour nous épargner la douleur de connaître nos imperfections [8].

37

L'orgueil a plus de part que la bonté aux remontrances que nous faisons à ceux qui commettent des fautes; et nous ne les reprenons pas tant pour les en corriger que pour leur persuader que nous en sommes exempts.

38

Nous promettons selon nos espérances, et nous tenons selon nos craintes.

39

L'intérêt parle toutes sortes de langues, et joue toutes sortes de personnages, même celui de désintéressé.

40

L'intérêt, qui aveugle les uns, fait la lumière des autres.

41

Ceux qui s'appliquent trop aux petites choses deviennent ordinairement incapables des grandes.

42

Nous n'avons pas assez de force pour suivre toute notre raison [9].

43

L'homme croit souvent se conduire lorsqu'il est conduit; et pendant que par son esprit il tend à un but, son cœur l'entraîne insensiblement à un autre.

44

La force et la faiblesse de l'esprit sont mal nommées; elles ne sont en effet que la bonne ou la mauvaise disposition des organes du corps [10].

45

Le caprice de notre humeur est encore plus bizarre que celui de la fortune.

46

L'attachement ou l'indifférence que les philosophes avaient pour la vie n'était qu'un goût de leur amour-propre, dont on ne doit non plus disputer que du goût de la langue ou du choix des couleurs.

47

Notre humeur met le prix à tout ce qui nous vient de la fortune.

48

La félicité est dans le goût et non pas dans les choses; et c'est par avoir ce qu'on aime qu'on est heureux, et non par avoir ce que les autres trouvent aimable.

49

On n'est jamais si heureux ni si malheureux qu'on s'imagine.

50

Ceux qui croient avoir du mérite se font un honneur d'être malheureux, pour persuader aux autres et à eux-mêmes qu'ils sont dignes d'être en butte à la fortune.

51

Rien ne doit tant diminuer la satisfaction que
nous avons de nous-mêmes, que de voir que nous
désapprouvons dans un temps ce que nous approu-
vions dans un autre.

52

Quelque différence qui paraisse entre les fortunes, il y a néanmoins une certaine compensation
de biens et de maux qui les rend égales.

53

Quelques grands avantages que la nature donne,
ce n'est pas elle seule, mais la fortune avec elle qui
fait les héros.

54

Le mépris des richesses était dans les philosophes un désir caché de venger leur mérite de
l'injustice de la fortune par le mépris des mêmes
biens dont elle les privait; c'était un secret pour se
garantir de l'avilissement de la pauvreté; c'était un
chemin détourné pour aller à la considération qu'ils
ne pouvaient avoir par les richesses.

55

La haine pour les favoris n'est autre chose que
l'amour de la faveur. Le dépit de ne la pas posséder
se console et s'adoucit par le mépris que l'on
témoigne de ceux qui la possèdent; et nous leur
refusons nos hommages, ne pouvant pas leur ôter
ce qui leur attire ceux de tout le monde.

56

Pour s'établir dans le monde, on fait tout ce que l'on peut pour y paraître établi.

57

Quoique les hommes se flattent de leurs grandes actions, elles ne sont pas souvent les effets d'un grand dessein, mais des effets du hasard.

58

Il semble que nos actions aient des étoiles heureuses ou malheureuses à qui elles doivent une grande partie de la louange et du blâme qu'on leur donne.

59

Il n'y a point d'accidents si malheureux dont les habiles gens ne tirent quelque avantage, ni de si heureux que les imprudents ne puissent tourner à leur préjudice.

60

La fortune tourne tout à l'avantage de ceux qu'elle favorise.

61

Le bonheur et le malheur des hommes ne dépend pas moins de leur humeur que de la fortune.

62

La sincérité est une ouverture de cœur. On la trouve en fort peu de gens; et celle que l'on voit d'ordinaire n'est qu'une fine dissimulation pour attirer la confiance des autres.

63

L'aversion du mensonge est souvent une imperceptible ambition de rendre nos témoignages considérables, et d'attirer à nos paroles un respect de religion.

64

La vérité ne fait pas tant de bien dans le monde que ses apparences y font de mal.

65

Il n'y a point d'éloges qu'on ne donne à la prudence. Cependant elle ne saurait nous assurer du moindre événement ★[11].

66

Un habile homme doit régler le rang de ses intérêts et les conduire chacun dans son ordre. Notre avidité le trouble souvent en nous faisant courir à tant de choses à la fois que, pour désirer trop les moins importantes, on manque les plus considérables.

67

La bonne grâce est au corps ce que le bon sens est à l'esprit [12].

68

Il est difficile de définir l'amour. Ce qu'on en peut dire est que dans l'âme c'est une passion de régner, dans les esprits c'est une sympathie, et dans le corps ce n'est qu'une envie cachée et délicate de posséder ce que l'on aime après beaucoup de mystères.

69

S'il y a un amour pur et exempt du mélange de nos autres passions, c'est celui qui est caché au fond du cœur, et que nous ignorons nous-mêmes [13].

70

Il n'y a point de déguisement qui puisse long-temps cacher l'amour où il est, ni le feindre où il n'est pas [14].

71

Il n'y a guère de gens qui ne soient honteux de s'être aimés quand ils ne s'aiment plus.

72

Si on juge de l'amour par la plupart de ses effets, il ressemble plus à la haine qu'à l'amitié.

73

On peut trouver des femmes qui n'ont jamais eu de galanterie; mais il est rare d'en trouver qui n'en aient jamais eu qu'une.

74

Il n'y a que d'une sorte d'amour, mais il y en a mille différentes copies.

75

L'amour aussi bien que le feu ne peut subsister sans un mouvement continuel; et il cesse de vivre dès qu'il cesse d'espérer ou de craindre.

76

Il est du véritable amour comme de l'apparition des esprits : tout le monde en parle, mais peu de gens en ont vu.

77

L'amour prête son nom à un nombre infini de commerces qu'on lui attribue, et où il n'a non plus de part que le Doge à ce qui se fait à Venise [15].

78

L'amour de la justice n'est en la plupart des hommes que la crainte de souffrir l'injustice.

79

Le silence est le parti le plus sûr de celui qui se défie de soi-même.

80

Ce qui nous rend si changeants dans nos amitiés, c'est qu'il est difficile de connaître les qualités de l'âme, et facile de connaître celles de l'esprit.

81

Nous ne pouvons rien aimer que par rapport à nous, et nous ne faisons que suivre notre goût et notre plaisir quand nous préférons nos amis à nous-mêmes ; c'est néanmoins par cette préférence seule que l'amitié peut être vraie et parfaite [16].

82

La réconciliation avec nos ennemis n'est qu'un désir de rendre notre condition meilleure, une lassitude de la guerre, et une crainte de quelque mauvais événement.

83

Ce que les hommes ont nommé amitié n'est qu'une société, qu'un ménagement réciproque d'intérêts, et qu'un échange de bons offices ; ce n'est enfin qu'un commerce où l'amour-propre se propose toujours quelque chose à gagner *[17].

84

Il est plus honteux de se défier de ses amis que d'en être trompé.

85

Nous nous persuadons souvent d'aimer les gens plus puissants que nous ; et néanmoins c'est l'intérêt seul qui produit notre amitié. Nous ne nous donnons pas à eux pour le bien que nous leur voulons faire, mais pour celui que nous en voulons recevoir.

86

Notre défiance justifie la tromperie d'autrui.

87

Les hommes ne vivraient pas longtemps en société s'ils n'étaient les dupes les uns des autres.

88

L'amour-propre nous augmente ou nous diminue les bonnes qualités de nos amis à proportion de la satisfaction que nous avons d'eux; et nous jugeons de leur mérite par la manière dont ils vivent avec nous.

89

Tout le monde se plaint de sa mémoire, et personne ne se plaint de son jugement.

90

Nous plaisons plus souvent dans le commerce de la vie par nos défauts que par nos bonnes qualités.

91

La plus grande ambition n'en a pas la moindre apparence lorsqu'elle se rencontre dans une impossibilité absolue d'arriver où elle aspire.

92

Détromper un homme préoccupé de son mérite est lui rendre un aussi mauvais office que celui que l'on rendit à ce fou d'Athènes, qui croyait que tous les vaisseaux qui arrivaient dans le port étaient à lui[18].

93

Les vieillards aiment à donner de bons préceptes, pour se consoler de n'être plus en état de donner de mauvais exemples.

94

Les grands noms abaissent, au lieu d'élever, ceux qui ne les savent pas soutenir.

95

La marque d'un mérite extraordinaire est de voir que ceux qui l'envient le plus sont contraints de le louer.

96

Tel homme est ingrat, qui est moins coupable de son ingratitude que celui qui lui a fait du bien.

97

On s'est trompé lorsqu'on a cru que l'esprit et le jugement étaient deux choses différentes. Le jugement n'est que la grandeur de la lumière de l'esprit; cette lumière pénètre le fond des choses; elle y remarque tout ce qu'il faut remarquer et aperçoit celles qui semblent imperceptibles. Ainsi il faut demeurer d'accord que c'est l'étendue de la lumière de l'esprit qui produit tous les effets qu'on attribue au jugement.

98

Chacun dit du bien de son cœur, et personne n'en ose dire de son esprit.

99

La politesse de l'esprit consiste à penser des choses honnêtes et délicates.

100

La galanterie de l'esprit est de dire des choses flatteuses d'une manière agréable.

101

Il arrive souvent que des choses se présentent plus achevées à notre esprit qu'il ne les pourrait faire avec beaucoup d'art ⋆.

102

L'esprit est toujours la dupe du cœur [19].

103

Tous ceux qui connaissent leur esprit ne connaissent pas leur cœur ⋆.

104

Les hommes et les affaires ont leur point de perspective. Il y en a qu'il faut voir de près pour en bien juger, et d'autres dont on ne juge jamais si bien que quand on en est éloigné.

105

Celui-là n'est pas raisonnable à qui le hasard fait trouver la raison, mais celui qui la connaît, qui la discerne, et qui la goûte.

106

Pour bien savoir les choses, il en faut savoir le détail; et comme il est presque infini, nos connaissances sont toujours superficielles et imparfaites.

107

C'est une espèce de coquetterie de faire remarquer qu'on n'en fait jamais.

108

L'esprit ne saurait jouer longtemps le personnage du cœur.

109

La jeunesse change ses goûts par l'ardeur du sang, et la vieillesse conserve les siens par l'accoutumance.

110

On ne donne rien si libéralement que ses conseils.

111

Plus on aime une maîtresse, et plus on est près de la haïr.

112

Les défauts de l'esprit augmentent en vieillissant comme ceux du visage.

113

Il y a de bons mariages, mais il n'y en a point de délicieux.

114

On ne se peut consoler d'être trompé par ses ennemis, et trahi par ses amis; et l'on est souvent satisfait de l'être par soi-même.

115

Il est aussi facile de se tromper soi-même sans s'en apercevoir qu'il est difficile de tromper les autres sans qu'ils s'en aperçoivent.

116

Rien n'est moins sincère que la manière de demander et de donner des conseils. Celui qui en demande paraît avoir une déférence respectueuse pour les sentiments de son ami, bien qu'il ne pense qu'à lui faire approuver les siens, et à le rendre garant de sa conduite. Et celui qui conseille paye la confiance qu'on lui témoigne d'un zèle ardent et désintéressé, quoiqu'il ne cherche le plus souvent dans les conseils qu'il donne que son propre intérêt ou sa gloire *.

117

La plus subtile de toutes les finesses est de savoir bien feindre de tomber dans les pièges que l'on nous tend, et on n'est jamais si aisément trompé que quand on songe à tromper les autres.

118

L'intention de ne jamais tromper nous expose à être souvent trompés.

119

Nous sommes si accoutumés à nous déguiser aux autres qu'enfin nous nous déguisons à nous-mêmes [20].

120

L'on fait plus souvent des trahisons par faiblesse que par un dessein formé de trahir.

121

On fait souvent du bien pour pouvoir impunément faire du mal.

122

Si nous résistons à nos passions, c'est plus par leur faiblesse que par notre force.

123

On n'aurait guère de plaisir si on ne se flattait jamais.

124

Les plus habiles affectent toute leur vie de blâmer les finesses pour s'en servir en quelque grande occasion et pour quelque grand intérêt.

125

L'usage ordinaire de la finesse est la marque d'un petit esprit, et il arrive presque toujours que celui qui s'en sert pour se couvrir en un endroit, se découvre en un autre.

126

Les finesses et les trahisons ne viennent que de manque d'habileté.

127

Le vrai moyen d'être trompé, c'est de se croire plus fin que les autres.

128

La trop grande subtilité est une fausse délicatesse, et la véritable délicatesse est une solide subtilité.

129

Il suffit quelquefois d'être grossier pour n'être pas trompé par un habile homme.

130

La faiblesse est le seul défaut que l'on ne saurait corriger.

131

Le moindre défaut des femmes qui se sont abandonnées à faire l'amour, c'est de faire l'amour [21].

132

Il est plus aisé d'être sage pour les autres que de l'être pour soi-même.

133

Les seules bonnes copies sont celles qui nous font voir le ridicule des méchants originaux.

134

On n'est jamais si ridicule par les qualités que l'on a que par celles que l'on affecte d'avoir.

135

On est quelquefois aussi différent de soi-même que des autres *[22].

136

Il y a des gens qui n'auraient jamais été amoureux s'ils n'avaient jamais entendu parler de l'amour.

137

On parle peu quand la vanité ne fait pas parler.

138

On aime mieux dire du mal de soi-même que de n'en point parler.

139

Une des choses qui fait que l'on trouve si peu de gens qui paraissent raisonnables et agréables dans la conversation, c'est qu'il n'y a presque personne qui ne pense plutôt à ce qu'il veut dire qu'à répondre précisément à ce qu'on lui dit. Les plus habiles et les plus complaisants se contentent de montrer seulement une mine attentive, au même temps que l'on voit dans leurs yeux et dans leur esprit un égarement pour ce qu'on leur dit, et une précipitation pour retourner à ce qu'ils veulent dire; au lieu de considérer que c'est un mauvais moyen de plaire aux autres ou de les persuader, que de chercher si fort à se plaire à soi-même, et que bien écouter et bien répondre est une des plus grandes perfections qu'on puisse avoir dans la conversation [23].

140

Un homme d'esprit serait souvent bien embarrassé sans la compagnie des sots.

141

Nous nous vantons souvent de ne nous point ennuyer; et nous sommes si glorieux que nous ne voulons pas nous trouver de mauvaise compagnie.

142

Comme c'est le caractère des grands esprits de

faire entendre en peu de paroles beaucoup de choses, les petits esprits au contraire ont le don de beaucoup parler, et de ne rien dire.

143

C'est plutôt par l'estime de nos propres senti-ments que nous exagérons les bonnes qualités des autres, que par l'estime de leur mérite; et nous voulons nous attirer des louanges, lorsqu'il semble que nous leur en donnons.

144

On n'aime point à louer, et on ne loue jamais personne sans intérêt. La louange est une flatterie habile, cachée, et délicate, qui satisfait différem-ment celui qui la donne, et celui qui la reçoit. L'un la prend comme une récompense de son mérite; l'autre la donne pour faire remarquer son équité et son discernement.

145

Nous choisissons souvent des louanges empoi-sonnées qui font voir par contrecoup en ceux que nous louons des défauts que nous n'osons découvrir d'une autre sorte.

146

On ne loue d'ordinaire que pour être loué *.

147

Peu de gens sont assez sages pour préférer le blâme qui leur est utile à la louange qui les trahit.

148

Il y a des reproches qui louent, et des louanges qui médisent.

149

Le refus des louanges est un désir d'être loué deux fois.

150

Le désir de mériter les louanges qu'on nous donne fortifie notre vertu; et celles que l'on donne à l'esprit, à la valeur, et à la beauté contribuent à les augmenter *.

151

Il est plus difficile de s'empêcher d'être gouverné que de gouverner les autres.

152

Si nous ne nous flattions point nous-mêmes, la flatterie des autres ne nous pourrait nuire.

153

La nature fait le mérite, et la fortune le met en œuvre.

154

La fortune nous corrige de plusieurs défauts que la raison ne saurait corriger.

155

Il y a des gens dégoûtants avec du mérite, et d'autres qui plaisent avec des défauts ★.

156

Il y a des gens dont tout le mérite consiste à dire et à faire des sottises utilement, et qui gâteraient tout s'ils changeaient de conduite.

157

La gloire des grands hommes se doit toujours mesurer aux moyens dont ils se sont servis pour l'acquérir.

158

La flatterie est une fausse monnaie qui n'a de cours que par notre vanité.

159

Ce n'est pas assez d'avoir de grandes qualités; il en faut avoir l'économie.

160

Quelque éclatante que soit une action, elle ne doit pas passer pour grande lorsqu'elle n'est pas l'effet d'un grand dessein ★.

161

Il doit y avoir une certaine proportion entre les

actions et les desseins si on en veut tirer tous les effets qu'elles peuvent produire.

162

L'art de savoir bien mettre en œuvre de médiocres qualités dérobe l'estime et donne souvent plus de réputation que le véritable mérite.

163

Il y a une infinité de conduites qui paraissent ridicules, et dont les raisons cachées sont très sages et très solides.

164

Il est plus facile de paraître digne des emplois qu'on n'a pas que de ceux que l'on exerce.

165

Notre mérite nous attire l'estime des honnêtes gens, et notre étoile celle du public.

166

Le monde récompense plus souvent les apparences du mérite que le mérite même ★.

167

L'avarice est plus opposée à l'économie que la libéralité.

168

L'espérance, toute trompeuse qu'elle est, sert au

moins à nous mener à la fin de la vie par un chemin agréable [24].

169

Pendant que la paresse et la timidité nous retiennent dans notre devoir, notre vertu en a souvent tout l'honneur *.

170

Il est difficile de juger si un procédé net, sincère et honnête est un effet de probité ou d'habileté *.

171

Les vertus se perdent dans l'intérêt, comme les fleuves se perdent dans la mer [25].

172

Si on examine bien les divers effets de l'ennui, on trouvera qu'il fait manquer à plus de devoirs que l'intérêt.

173

Il y a diverses sortes de curiosité : l'une d'intérêt, qui nous porte à désirer d'apprendre ce qui nous peut être utile, et l'autre d'orgueil, qui vient du désir de savoir ce que les autres ignorent.

174

Il vaut mieux employer notre esprit à supporter les infortunes qui nous arrivent qu'à prévoir celles qui nous peuvent arriver.

175

La constance en amour est une inconstance perpétuelle, qui fait que notre cœur s'attache successivement à toutes les qualités de la personne que nous aimons, donnant tantôt la préférence à l'une, tantôt à l'autre; de sorte que cette constance n'est qu'une inconstance arrêtée et renfermée dans un même sujet [26].

176

Il y a deux sortes de constance en amour : l'une vient de ce que l'on trouve sans cesse dans la personne que l'on aime de nouveaux sujets d'aimer, et l'autre vient de ce que l'on se fait un honneur d'être constant.

177

La persévérance n'est digne ni de blâme ni de louange, parce qu'elle n'est que la durée des goûts et des sentiments, qu'on ne s'ôte et qu'on ne se donne point.

178

Ce qui nous fait aimer les nouvelles connaissances n'est pas tant la lassitude que nous avons des vieilles ou le plaisir de changer, que le dégoût de n'être pas assez admirés de ceux qui nous connaissent trop, et l'espérance de l'être davantage de ceux qui ne nous connaissent pas tant.

179

Nous nous plaignons quelquefois légèrement de nos amis pour justifier par avance notre légèreté.

180

Notre repentir n'est pas tant un regret du mal que nous avons fait, qu'une crainte de celui qui nous en peut arriver *.

181

Il y a une inconstance qui vient de la légèreté de l'esprit ou de sa faiblesse, qui lui fait recevoir toutes les opinions d'autrui, et il y en a une autre, qui est plus excusable, qui vient du dégoût des choses.

182

Les vices entrent dans la composition des vertus comme les poisons entrent dans la composition des remèdes. La prudence les assemble et les tempère, et elle s'en sert utilement contre les maux de la vie [27].

183

Il faut demeurer d'accord à l'honneur de la vertu que les plus grands malheurs des hommes sont ceux où ils tombent par les crimes.

184

Nous avouons nos défauts pour réparer par notre sincérité le tort qu'ils nous font dans l'esprit des autres.

185

Il y a des héros en mal comme en bien.

186

On ne méprise pas tous ceux qui ont des vices;
mais on méprise tous ceux qui n'ont aucune
vertu*.

187

Le nom de la vertu sert à l'intérêt aussi utilement que les vices.

188

La santé de l'âme n'est pas plus assurée que celle
du corps; et quoique l'on paraisse éloigné des
passions, on n'est pas moins en danger de s'y laisser
emporter que de tomber malade quand on se porte
bien.

189

Il semble que la nature ait prescrit à chaque
homme dès sa naissance des bornes pour les vertus
et pour les vices.

190

Il n'appartient qu'aux grands hommes d'avoir de
grands défauts.

191

On peut dire que les vices nous attendent dans le
cours de la vie comme des hôtes chez qui il faut
successivement loger; et je doute que l'expérience
nous les fît éviter s'il nous était permis de faire
deux fois le même chemin*.

192

Quand les vices nous quittent, nous nous flattons de la créance que c'est nous qui les quittons ★.

193

Il y a des rechutes dans les maladies de l'âme, comme dans celles du corps. Ce que nous prenons pour notre guérison n'est le plus souvent qu'un relâche ou un changement de mal ★.

194

Les défauts de l'âme sont comme les blessures du corps : quelque soin qu'on prenne de les guérir, la cicatrice paraît toujours, et elles sont à tout moment en danger de se rouvrir.

195

Ce qui nous empêche souvent de nous abandonner à un seul vice est que nous en avons plusieurs.

196

Nous oublions aisément nos fautes lorsqu'elles ne sont sues que de nous.

197

Il y a des gens de qui l'on peut ne jamais croire du mal sans l'avoir vu; mais il n'y en a point en qui il nous doive surprendre en le voyant.

198

Nous élevons la gloire des uns pour abaisser celle

des autres. Et quelquefois on louerait moins Monsieur le Prince et M. de Turenne si on ne les voulait point blâmer tous deux [28].

199

Le désir de paraître habile empêche souvent de le devenir [29].

200

La vertu n'irait pas si loin si la vanité ne lui tenait compagnie.

201

Celui qui croit pouvoir trouver en soi-même de quoi se passer de tout le monde se trompe fort; mais celui qui croit qu'on ne peut se passer de lui se trompe encore davantage.

202

Les faux honnêtes gens sont ceux qui déguisent leurs défauts aux autres et à eux-mêmes. Les vrais honnêtes gens sont ceux qui les connaissent parfaitement et les confessent.

203

Le vrai honnête homme est celui qui ne se pique de rien [30].

204

La sévérité des femmes est un ajustement et un fard qu'elles ajoutent à leur beauté *.

205

L'honnêteté des femmes est souvent l'amour de leur réputation et de leur repos.

206

C'est être véritablement honnête homme que de vouloir être toujours exposé à la vue des honnêtes gens.

207

La folie nous suit dans tous les temps de la vie. Si quelqu'un paraît sage, c'est seulement parce que ses folies sont proportionnées à son âge et à sa fortune.

208

Il y a des gens niais qui se connaissent, et qui emploient habilement leur niaiserie.

209

Qui vit sans folie n'est pas si sage qu'il croit [31].

210

En vieillissant on devient plus fou, et plus sage.

211

Il y a des gens qui ressemblent aux vaudevilles, qu'on ne chante qu'un certain temps.

212

La plupart des gens ne jugent des hommes que par la vogue qu'ils ont, ou par leur fortune.

213

L'amour de la gloire, la crainte de la honte, le dessein de faire fortune, le désir de rendre notre vie commode et agréable, et l'envie d'abaisser les autres, sont souvent les causes de cette valeur si célèbre parmi les hommes.

214

La valeur est dans les simples soldats un métier périlleux qu'ils ont pris pour gagner leur vie.

215

La parfaite valeur et la poltronnerie complète sont deux extrémités où l'on arrive rarement. L'espace qui est entre-deux est vaste, et contient toutes les autres espèces de courage : il n'y a pas moins de différence entre elles qu'entre les visages et les humeurs. Il y a des hommes qui s'exposent volontiers au commencement d'une action, et qui se relâchent et se rebutent aisément par sa durée. Il y en a qui sont contents quand ils ont satisfait à l'honneur du monde, et qui font fort peu de chose au-delà. On en voit qui ne sont pas toujours également maîtres de leur peur. D'autres se laissent quelquefois entraîner à des terreurs générales. D'autres vont à la charge parce qu'ils n'osent demeurer dans leurs postes. Il s'en trouve à qui l'habitude des moindres périls affermit le courage et les prépare à s'exposer à de plus grands. Il y en a qui sont braves à coups d'épée, et qui craignent les coups de mousquet; d'autres sont assurés aux coups de mousquet, et appréhendent de se battre à coups d'épée. Tous ces courages de différentes espèces conviennent en ce que la nuit augmentant la crainte et cachant les bonnes et les mauvaises actions, elle donne la liberté de se ménager. Il y a encore un autre ménagement plus général; car on ne voit point d'homme qui fasse tout ce qu'il serait capable de faire dans une occasion s'il était assuré d'en revenir. De sorte qu'il est visible que la crainte de la mort ôte quelque chose de la valeur *.

216

La parfaite valeur est de faire sans témoins ce qu'on serait capable de faire devant tout le monde.

217

L'intrépidité est une force extraordinaire de l'âme qui l'élève au-dessus des troubles, des désordres et des émotions que la vue des grands périls pourrait exciter en elle; et c'est par cette force que les héros se maintiennent en un état paisible, et conservent l'usage libre de leur raison dans les accidents les plus surprenants et les plus terribles.

218

L'hypocrisie est un hommage que le vice rend à la vertu [32].

219

La plupart des hommes s'exposent assez dans la guerre pour sauver leur honneur. Mais peu se

veulent toujours exposer autant qu'il est nécessaire
pour faire réussir le dessein pour lequel ils s'exposent.

220

La vanité, la honte, et surtout le tempérament,
font souvent la valeur des hommes, et la vertu des
femmes.

221

On ne veut point perdre la vie, et on veut
acquérir de la gloire; ce qui fait que les braves ont
plus d'adresse et d'esprit pour éviter la mort que
les gens de chicane n'en ont pour conserver leur
bien.

222

Il n'y a guère de personnes qui dans le premier
penchant de l'âge ne fassent connaître par où leur
corps et leur esprit doivent défaillir.

223

Il est de la reconnaissance comme de la bonne
foi des marchands : elle entretient le commerce;
et nous ne payons pas parce qu'il est juste de nous
acquitter, mais pour trouver plus facilement des
gens qui nous prêtent.

224

Tous ceux qui s'acquittent des devoirs de la
reconnaissance ne peuvent pas pour cela se flatter
d'être reconnaissants.

225

Ce qui fait le mécompte dans la reconnaissance qu'on attend des grâces que l'on a faites, c'est que l'orgueil de celui qui donne, et l'orgueil de celui qui reçoit, ne peuvent convenir du prix du bienfait.

226

Le trop grand empressement qu'on a de s'acquitter d'une obligation est une espèce d'ingratitude *.

227

Les gens heureux ne se corrigent guère; ils croient toujours avoir raison quand la fortune soutient leur mauvaise conduite.

228

L'orgueil ne veut pas devoir, et l'amour-propre ne veut pas payer.

229

Le bien que nous avons reçu de quelqu'un veut que nous respections le mal qu'il nous fait.

230

Rien n'est si contagieux que l'exemple, et nous ne faisons jamais de grands biens ni de grands maux qui n'en produisent de semblables. Nous imitons les bonnes actions par émulation, et les mauvaises par la malignité de notre nature que la honte retenait prisonnière, et que l'exemple met en liberté [33].

231

C'est une grande folie de vouloir être sage tout
seul ★34.

232

Quelque prétexte que nous donnions à nos
afflictions, ce n'est souvent que l'intérêt et la vanité
qui les causent.

233

Il y a dans les afflictions diverses sortes d'hypocrisie. Dans l'une, sous prétexte de pleurer la perte
d'une personne qui nous est chère, nous nous
pleurons nous-mêmes; nous regrettons la bonne
opinion qu'il avait de nous; nous pleurons la
diminution de notre bien, de notre plaisir, de notre
considération. Ainsi les morts ont l'honneur des
larmes qui ne coulent que pour les vivants. Je dis
que c'est une espèce d'hypocrisie, à cause que dans
ces sortes d'afflictions on se trompe soi-même. Il y
a une autre hypocrisie qui n'est pas si innocente,
parce qu'elle impose à tout le monde : c'est
l'affliction de certaines personnes qui aspirent à la
gloire d'une belle et immortelle douleur. Après que
le temps qui consume tout a fait cesser celle
qu'elles avaient en effet, elles ne laissent pas
d'opiniâtrer leurs pleurs, leurs plaintes, et leurs
soupirs; elles prennent un personnage lugubre, et
travaillent à persuader par toutes leurs actions que
leur déplaisir ne finira qu'avec leur vie. Cette triste
et fatigante vanité se trouve d'ordinaire dans les
femmes ambitieuses. Comme leur sexe leur ferme
tous les chemins qui mènent à la gloire, elles
s'efforcent de se rendre célèbres par la montre

d'une inconsolable affliction. Il y a encore une autre espèce de larmes qui n'ont que de petites sources qui coulent et se tarissent facilement : on pleure pour avoir la réputation d'être tendre, on pleure pour être plaint, on pleure pour être pleuré; enfin on pleure pour éviter la honte de ne pleurer pas.

234

C'est plus souvent par orgueil que par défaut de lumières qu'on s'oppose avec tant d'opiniâtreté aux opinions les plus suivies : on trouve les premières places prises dans le bon parti, et on ne veut point des dernières.

235

Nous nous consolons aisément des disgrâces de nos amis lorsqu'elles servent à signaler notre tendresse pour eux.

236

Il semble que l'amour-propre soit la dupe de la bonté, et qu'il s'oublie lui-même lorsque nous travaillons pour l'avantage des autres. Cependant c'est prendre le chemin le plus assuré pour arriver à ses fins; c'est prêter à usure sous prétexte de donner; c'est enfin s'acquérir tout le monde par un moyen subtil et délicat *.

237

Nul ne mérite d'être loué de bonté, s'il n'a pas la force d'être méchant : toute autre bonté n'est le plus souvent qu'une paresse ou une impuissance de la volonté.

238

Il n'est pas si dangereux de faire du mal à la plupart des hommes que de leur faire trop de bien.

239

Rien ne flatte plus notre orgueil que la confiance des grands, parce que nous la regardons comme un effet de notre mérite, sans considérer qu'elle ne vient le plus souvent que de vanité, ou d'impuissance de garder le secret.

240

On peut dire de l'agrément séparé de la beauté que c'est une symétrie dont on ne sait point les règles, et un rapport secret des traits ensemble, et des traits avec les couleurs et avec l'air de la personne.

241

La coquetterie est le fond de l'humeur des femmes. Mais toutes ne la mettent pas en pratique, parce que la coquetterie de quelques-unes est retenue par la crainte ou par la raison.

242

On incommode souvent les autres quand on croit ne les pouvoir jamais incommoder.

243

Il y a peu de choses impossibles d'elles-mêmes;

et l'application pour les faire réussir nous manque
plus que les moyens.

244

La souveraine habileté consiste à bien connaître
le prix des choses.

245

C'est une grande habileté que de savoir cacher
son habileté.

246

Ce qui paraît générosité n'est souvent qu'une
ambition déguisée qui méprise de petits intérêts,
pour aller à de plus grands *.

247

La fidélité qui paraît en la plupart des hommes
n'est qu'une invention de l'amour-propre pour
attirer la confiance. C'est un moyen de nous élever
au-dessus des autres, et de nous rendre dépositaires
des choses les plus importantes.

248

La magnanimité méprise tout pour avoir tout.

249

Il n'y a pas moins d'éloquence dans le ton de la
voix, dans les yeux et dans l'air de la personne, que
dans le choix des paroles.

250

La véritable éloquence consiste à dire tout ce qu'il faut, et à ne dire que ce qu'il faut.

251

Il y a des personnes à qui les défauts siéent bien, et d'autres qui sont disgraciées avec leurs bonnes qualités.

252

Il est aussi ordinaire de voir changer les goûts qu'il est extraordinaire de voir changer les inclinations *.

253

L'intérêt met en œuvre toutes sortes de vertus et de vices.

254

L'humilité n'est souvent qu'une feinte soumission, dont on se sert pour soumettre les autres; c'est un artifice de l'orgueil qui s'abaisse pour s'élever; et bien qu'il se transforme en mille manières, il n'est jamais mieux déguisé et plus capable de tromper que lorsqu'il se cache sous la figure de l'humilité *[35].

255

Tous les sentiments ont chacun un ton de voix, des gestes et des mines qui leur sont propres. Et ce rapport bon ou mauvais, agréable ou désagréable, est ce qui fait que les personnes plaisent ou déplaisent.

256

Dans toutes les professions chacun affecte une mine et un extérieur pour paraître ce qu'il veut qu'on le croie. Ainsi on peut dire que le monde n'est composé que de mines.

257

La gravité est un mystère du corps inventé pour cacher les défauts de l'esprit.

258

Le bon goût vient plus du jugement que de l'esprit.

259

Le plaisir de l'amour est d'aimer; et l'on est plus heureux par la passion que l'on a que par celle que l'on donne.

260

La civilité est un désir d'en recevoir, et d'être estimé poli.

261

L'éducation que l'on donne d'ordinaire aux jeunes gens est un second amour-propre qu'on leur inspire [36].

262

Il n'y a point de passion où l'amour de soi-même règne si puissamment que dans l'amour; et on est toujours plus disposé à sacrifier le repos de ce qu'on aime qu'à perdre le sien.

263

Ce qu'on nomme libéralité n'est le plus souvent que la vanité de donner, que nous aimons mieux que ce que nous donnons.

264

La pitié est souvent un sentiment de nos propres maux dans les maux d'autrui. C'est une habile prévoyance des malheurs où nous pouvons tomber; nous donnons du secours aux autres pour les engager à nous en donner en de semblables occasions; et ces services que nous leur rendons sont à proprement parler des biens que nous nous faisons à nous-mêmes par avance.

265

La petitesse de l'esprit fait l'opiniâtreté; et nous ne croyons pas aisément ce qui est au-delà de ce que nous voyons [37].

266

C'est se tromper que de croire qu'il n'y ait que les violentes passions, comme l'ambition et l'amour, qui puissent triompher des autres. La paresse, toute languissante qu'elle est, ne laisse pas d'en être souvent la maîtresse; elle usurpe sur tous les desseins et sur toutes les actions de la vie; elle y détruit et y consume insensiblement les passions et les vertus *.

267

La promptitude à croire le mal sans l'avoir assez examiné est un effet de l'orgueil et de la paresse. On veut trouver des coupables; et on ne veut pas se donner la peine d'examiner les crimes.

268

Nous récusons des juges pour les plus petits intérêts, et nous voulons bien que notre réputation et notre gloire dépendent du jugement des hommes, qui nous sont tout contraires, ou par leur jalousie, ou par leur préoccupation, ou par leur peu de lumière; et ce n'est que pour les faire prononcer en notre faveur que nous exposons en tant de manières notre repos et notre vie.

269

Il n'y a guère d'homme assez habile pour connaître tout le mal qu'il fait.

270

L'honneur acquis est caution de celui qu'on doit acquérir.

271

La jeunesse est une ivresse continuelle : c'est la fièvre de la raison *.

272

Rien ne devrait plus humilier les hommes qui ont mérité de grandes louanges, que le soin qu'ils prennent encore de se faire valoir par de petites choses.

273

Il y a des gens qu'on approuve dans le monde, qui n'ont pour tout mérite que les vices qui servent au commerce de la vie.

274

La grâce de la nouveauté est à l'amour ce que la fleur est sur les fruits; elle y donne un lustre qui s'efface aisément, et qui ne revient jamais.

275

Le bon naturel, qui se vante d'être si sensible, est souvent étouffé par le moindre intérêt.

276

L'absence diminue les médiocres passions, et augmente les grandes, comme le vent éteint les bougies et allume le feu [38].

277

Les femmes croient souvent aimer encore qu'elles n'aiment pas. L'occupation d'une intrigue, l'émotion d'esprit que donne la galanterie, la pente naturelle au plaisir d'être aimées, et la peine de refuser, leur persuadent qu'elles ont de la passion lorsqu'elles n'ont que de la coquetterie.

278

Ce qui fait que l'on est souvent mécontent de ceux qui négocient, est qu'ils abandonnent presque toujours l'intérêt de leurs amis pour l'intérêt du succès de la négociation, qui devient le leur par l'honneur d'avoir réussi à ce qu'ils avaient entrepris.

279

Quand nous exagérons la tendresse que nos amis ont pour nous, c'est souvent moins par reconnaissance que par le désir de faire juger de notre mérite.

280

L'approbation que l'on donne à ceux qui entrent dans le monde vient souvent de l'envie secrète que l'on porte à ceux qui y sont établis.

281

L'orgueil qui nous inspire tant d'envie nous sert souvent aussi à la modérer.

282

Il y a des faussetés déguisées qui représentent si bien la vérité que ce serait mal juger que de ne s'y pas laisser tromper.

283

Il n'y a pas quelquefois moins d'habileté à savoir profiter d'un bon conseil qu'à se bien conseiller soi-même.

284

Il y a des méchants qui seraient moins dangereux s'ils n'avaient aucune bonté.

285

La magnanimité est assez définie par son nom; néanmoins on pourrait dire que c'est le bon sens de l'orgueil, et la voie la plus noble pour recevoir des louanges.

286

Il est impossible d'aimer une seconde fois ce qu'on a véritablement cessé d'aimer.

287

Ce n'est pas tant la fertilité de l'esprit qui nous fait trouver plusieurs expédients sur une même affaire, que c'est le défaut de lumière qui nous fait arrêter à tout ce qui se présente à notre imagination, et qui nous empêche de discerner d'abord ce qui est le meilleur.

288

Il y a des affaires et des maladies que les remèdes aigrissent en certains temps; et la grande habileté consiste à connaître quand il est dangereux d'en user.

289

La simplicité affectée est une imposture délicate.

290

Il y a plus de défauts dans l'humeur que dans l'esprit.

291

Le mérite des hommes a sa saison aussi bien que les fruits.

292

On peut dire de l'humeur des hommes, comme de la plupart des bâtiments, qu'elle a diverses faces, les unes agréables, et les autres désagréables.

293

La modération ne peut avoir le mérite de combattre l'ambition et de la soumettre : elles ne se trouvent jamais ensemble. La modération est la langueur et la paresse de l'âme, comme l'ambition en est l'activité et l'ardeur *.

294

Nous aimons toujours ceux qui nous admirent; et nous n'aimons pas toujours ceux que nous admirons.

295

Il s'en faut bien que nous ne connaissions toutes nos volontés [39].

296

Il est difficile d'aimer ceux que nous n'estimons point; mais il ne l'est pas moins d'aimer ceux que nous estimons beaucoup plus que nous.

297

Les humeurs du corps ont un cours ordinaire et réglé, qui meut et qui tourne imperceptiblement notre volonté; elles roulent ensemble et exercent successivement un empire secret en nous : de sorte qu'elles ont une part considérable à toutes nos actions, sans que nous le puissions connaître ★40.

298

La reconnaissance de la plupart des hommes n'est qu'une secrète envie de recevoir de plus grands bienfaits.

299

Presque tout le monde prend plaisir à s'acquitter des petites obligations; beaucoup de gens ont de la reconnaissance pour les médiocres; mais il n'y a quasi personne qui n'ait de l'ingratitude pour les grandes.

300

Il y a des folies qui se prennent comme les maladies contagieuses.

301

Assez de gens méprisent le bien, mais peu savent le donner.

302

Ce n'est d'ordinaire que dans de petits intérêts où nous prenons le hasard de ne pas croire aux apparences.

303

Quelque bien qu'on nous dise de nous, on ne nous apprend rien de nouveau.

304

Nous pardonnons souvent à ceux qui nous ennuient, mais nous ne pouvons pardonner à ceux que nous ennuyons.

305

L'intérêt que l'on accuse de tous nos crimes mérite souvent d'être loué de nos bonnes actions.

306

On ne trouve guère d'ingrats tant qu'on est en état de faire du bien.

307

Il est aussi honnête d'être glorieux avec soi-même qu'il est ridicule de l'être avec les autres.

308

On a fait une vertu de la modération pour borner l'ambition des grands hommes, et pour consoler les gens médiocres de leur peu de fortune, et de leur peu de mérite.

309

Il y a des gens destinés à être sots, qui ne font pas seulement des sottises par leur choix, mais que la fortune même contraint d'en faire.

310

Il arrive quelquefois des accidents dans la vie, d'où il faut être un peu fou pour se bien tirer.

311

S'il y a des hommes dont le ridicule n'ait jamais paru, c'est qu'on ne l'a pas bien cherché.

312

Ce qui fait que les amants et les maîtresses ne s'ennuient point d'être ensemble, c'est qu'ils parlent toujours d'eux-mêmes.

313

Pourquoi faut-il que nous ayons assez de mémoire pour retenir jusqu'aux moindres particularités de ce qui nous est arrivé, et que nous n'en ayons pas assez pour nous souvenir combien de fois nous les avons contées à une même personne?

314

L'extrême plaisir que nous prenons à parler de nous-mêmes nous doit faire craindre de n'en donner guère à ceux qui nous écoutent.

315

Ce qui nous empêche d'ordinaire de faire voir le fond de notre cœur à nos amis, n'est pas tant la défiance que nous avons d'eux, que celle que nous avons de nous-mêmes.

316

Les personnes faibles ne peuvent être sincères.

317

Ce n'est pas un grand malheur d'obliger des ingrats, mais c'en est un insupportable d'être obligé à un malhonnête homme.

318

On trouve des moyens pour guérir de la folie, mais on n'en trouve point pour redresser un esprit de travers.

319

On ne saurait conserver longtemps les sentiments qu'on doit avoir pour ses amis et pour ses bienfaiteurs, si on se laisse la liberté de parler souvent de leurs défauts.

320

Louer les princes des vertus qu'ils n'ont pas, c'est leur dire impunément des injures.

321

Nous sommes plus près d'aimer ceux qui nous

haïssent que ceux qui nous aiment plus que nous ne voulons.

322

Il n'y a que ceux qui sont méprisables qui craignent d'être méprisés.

323

Notre sagesse n'est pas moins à la merci de la fortune que nos biens.

324

Il y a dans la jalousie plus d'amour-propre que d'amour.

325

Nous nous consolons souvent par faiblesse des maux dont la raison n'a pas la force de nous consoler.

326

Le ridicule déshonore plus que le déshonneur.

327

Nous n'avouons de petits défauts que pour persuader que nous n'en avons pas de grands.

328

L'envie est plus irréconciliable que la haine.

329

On croit quelquefois haïr la flatterie, mais on ne hait que la manière de flatter.

330

On pardonne tant que l'on aime.

331

Il est plus difficile d'être fidèle à sa maîtresse quand on est heureux que quand on en est maltraité.

332

Les femmes ne connaissent pas toute leur coquetterie.

333

Les femmes n'ont point de sévérité complète sans aversion.

334

Les femmes peuvent moins surmonter leur coquetterie que leur passion.

335

Dans l'amour la tromperie va presque toujours plus loin que la méfiance.

336

Il y a une certaine sorte d'amour dont l'excès empêche la jalousie.

337

Il est de certaines bonnes qualités comme des sens : ceux qui en sont entièrement privés ne les peuvent apercevoir ni les comprendre.

338

Lorsque notre haine est trop vive, elle nous met au-dessous de ceux que nous haïssons.

339

Nous ne ressentons nos biens et nos maux qu'à proportion de notre amour-propre.

340

L'esprit de la plupart des femmes sert plus à fortifier leur folie que leur raison.

341

Les passions de la jeunesse ne sont guère plus opposées au salut que la tiédeur des vieilles gens.

342

L'accent du pays où l'on est né demeure dans l'esprit et dans le cœur, comme dans le langage.

343

Pour être un grand homme, il faut savoir profiter de toute sa fortune.

344

La plupart des hommes ont comme les plantes des propriétés cachées, que le hasard fait découvrir.

345

Les occasions nous font connaître aux autres, et encore plus à nous-mêmes.

346

Il ne peut y avoir de règle dans l'esprit ni dans le cœur des femmes, si le tempérament n'en est d'accord.

347

Nous ne trouvons guère de gens de bon sens, que ceux qui sont de notre avis.

348

Quand on aime, on doute souvent de ce qu'on croit le plus.

349

Le plus grand miracle de l'amour, c'est de guérir de la coquetterie.

350

Ce qui nous donne tant d'aigreur contre ceux qui nous font des finesses, c'est qu'ils croient être plus habiles que nous.

351

On a bien de la peine à rompre, quand on ne s'aime plus.

352

On s'ennuie presque toujours avec les gens avec qui il n'est pas permis de s'ennuyer.

353

Un honnête homme peut être amoureux comme un fou, mais non pas comme un sot.

354

Il y a de certains défauts qui, bien mis en œuvre, brillent plus que la vertu même.

355

On perd quelquefois des personnes qu'on regrette plus qu'on n'en est affligé; et d'autres dont on est affligé, et qu'on ne regrette guère.

356

Nous ne louons d'ordinaire de bon cœur que ceux qui nous admirent.

357

Les petits esprits sont trop blessés des petites choses; les grands esprits les voient toutes, et n'en sont point blessés.

358

L'humilité est la véritable preuve des vertus chrétiennes : sans elle nous conservons tous nos défauts, et ils sont seulement couverts par l'orgueil qui les cache aux autres, et souvent à nous-mêmes [41].

359

Les infidélités devraient éteindre l'amour, et il ne faudrait point être jaloux quand on a sujet de l'être. Il n'y a que les personnes qui évitent de donner de la jalousie qui soient dignes qu'on en ait pour elles.

360

On se décrie beaucoup plus auprès de nous par les moindres infidélités qu'on nous fait, que par les plus grandes qu'on fait aux autres.

361

La jalousie naît toujours avec l'amour, mais elle ne meurt pas toujours avec lui.

362

La plupart des femmes ne pleurent pas tant la mort de leurs amants pour les avoir aimés, que pour paraître plus dignes d'être aimées.

363

Les violences qu'on nous fait nous font souvent moins de peine que celles que nous nous faisons à nous-mêmes.

364

On sait assez qu'il ne faut guère parler de sa femme; mais on ne sait pas assez qu'on devrait encore moins parler de soi.

365

Il y a de bonnes qualités qui dégénèrent en défauts quand elles sont naturelles, et d'autres qui ne sont jamais parfaites quand elles sont acquises. Il faut, par exemple, que la raison nous fasse ménagers de notre bien et de notre confiance; et il faut, au contraire, que la nature nous donne la bonté et la valeur.

366

Quelque défiance que nous ayons de la sincérité de ceux qui nous parlent, nous croyons toujours qu'ils nous disent plus vrai qu'aux autres.

367

Il y a peu d'honnêtes femmes qui ne soient lasses de leur métier.

368

La plupart des honnêtes femmes sont des trésors cachés, qui ne sont en sûreté que parce qu'on ne les cherche pas.

369

Les violences qu'on se fait pour s'empêcher d'aimer sont souvent plus cruelles que les rigueurs de ce qu'on aime.

370

Il n'y a guère de poltrons qui connaissent toujours toute leur peur.

371

C'est presque toujours la faute de celui qui aime de ne pas connaître quand on cesse de l'aimer.

372

La plupart des jeunes gens croient être naturels, lorsqu'ils ne sont que mal polis et grossiers.

373

Il y a de certaines larmes qui nous trompent souvent nous-mêmes après avoir trompé les autres.

374

Si on croit aimer sa maîtresse pour l'amour d'elle, on est bien trompé.

375

Les esprits médiocres condamnent d'ordinaire tout ce qui passe leur portée.

376

L'envie est détruite par la véritable amitié, et la coquetterie par le véritable amour.

377

Le plus grand défaut de la pénétration n'est pas de n'aller point jusqu'au but, c'est de le passer.

378

On donne des conseils mais on n'inspire point de conduite [42].

379

Quand notre mérite baisse, notre goût baisse aussi.

380

La fortune fait paraître nos vertus et nos vices, comme la lumière fait paraître les objets.

381

La violence qu'on se fait pour demeurer fidèle à ce qu'on aime ne vaut guère mieux qu'une infidélité.

382

Nos actions sont comme les bouts-rimés, que chacun fait rapporter à ce qu'il lui plaît.

383

L'envie de parler de nous, et de faire voir nos défauts du côté que nous voulons bien les montrer, fait une grande partie de notre sincérité.

384

On ne devrait s'étonner que de pouvoir encore s'étonner.

385

On est presque également difficile à contenter quand on a beaucoup d'amour et quand on n'en a plus guère.

386

Il n'y a point de gens qui aient plus souvent tort que ceux qui ne peuvent souffrir d'en avoir.

387

Un sot n'a pas assez d'étoffe pour être bon.

388

Si la vanité ne renverse pas entièrement les vertus, du moins elle les ébranle toutes.

389

Ce qui nous rend la vanité des autres insupportable, c'est qu'elle blesse la nôtre.

390

On renonce plus aisément à son intérêt qu'à son goût.

391

La fortune ne paraît jamais si aveugle qu'à ceux à qui elle ne fait pas de bien.

392

Il faut gouverner la fortune comme la santé : en jouir quand elle est bonne, prendre patience quand elle est mauvaise, et ne faire jamais de grands remèdes sans un extrême besoin.

393

L'air bourgeois se perd quelquefois à l'armée; mais il ne se perd jamais à la cour.

394

On peut être plus fin qu'un autre, mais non pas plus fin que tous les autres.

395

On est quelquefois moins malheureux d'être trompé de ce qu'on aime, que d'en être détrompé.

396

On garde longtemps son premier amant, quand on n'en prend point de second.

397

Nous n'avons pas le courage de dire en général que nous n'avons point de défauts, et que nos ennemis n'ont point de bonnes qualités; mais en détail nous ne sommes pas trop éloignés de le croire.

398

De tous nos défauts, celui dont nous demeurons le plus aisément d'accord, c'est de la paresse; nous nous persuadons qu'elle tient à toutes les vertus paisibles et que, sans détruire entièrement les autres, elle en suspend seulement les fonctions.

399

Il y a une élévation qui ne dépend point de la fortune : c'est un certain air qui nous distingue et qui semble nous destiner aux grandes choses; c'est un prix que nous nous donnons imperceptiblement à nous-mêmes; c'est par cette qualité que nous usurpons les déférences des autres hommes, et c'est elle d'ordinaire qui nous met plus au-dessus d'eux que la naissance, les dignités, et le mérite même [43].

400

Il y a du mérite sans élévation, mais il n'y a point d'élévation sans quelque mérite.

401

L'élévation est au mérite ce que la parure est aux belles personnes.

402

Ce qui se trouve le moins dans la galanterie, c'est de l'amour.

403

La fortune se sert quelquefois de nos défauts pour nous élever, et il y a des gens incommodes dont le mérite serait mal récompensé si on ne voulait acheter leur absence.

404

Il semble que la nature ait caché dans le fond de notre esprit des talents et une habileté que nous ne connaissons pas; les passions seules ont le droit de les mettre au jour, et de nous donner quelquefois des vues plus certaines et plus achevées que l'art ne saurait faire.

405

Nous arrivons tout nouveaux aux divers âges de la vie, et nous y manquons souvent d'expérience malgré le nombre des années.

406

Les coquettes se font honneur d'être jalouses de leurs amants, pour cacher qu'elles sont envieuses des autres femmes.

407

Il s'en faut bien que ceux qui s'attrapent à nos finesses ne nous paraissent aussi ridicules que nous nous le paraissons à nous-mêmes quand les finesses des autres nous ont attrapés.

408

Le plus dangereux ridicule des vieilles personnes

qui ont été aimables, c'est d'oublier qu'elles ne le sont plus.

409

Nous aurions souvent honte de nos plus belles actions si le monde voyait tous les motifs qui les produisent.

410

Le plus grand effort de l'amitié n'est pas de montrer nos défauts à un ami; c'est de lui faire voir les siens.

411

On n'a guère de défauts qui ne soient plus pardonnables que les moyens dont on se sert pour les cacher.

412

Quelque honte que nous ayons méritée, il est presque toujours en notre pouvoir de rétablir notre réputation.

413

On ne plaît pas longtemps quand on n'a que d'une sorte d'esprit [44].

414

Les fous et les sottes gens ne voient que par leur humeur.

415

L'esprit nous sert quelquefois à faire hardiment des sottises [45].

416

La vivacité qui augmente en vieillissant ne va pas loin de la folie.

417

En amour celui qui est guéri le premier est toujours le mieux guéri.

418

Les jeunes femmes qui ne veulent point paraître coquettes, et les hommes d'un âge avancé qui ne veulent pas être ridicules, ne doivent jamais parler de l'amour comme d'une chose où ils puissent avoir part.

419

Nous pouvons paraître grands dans un emploi au-dessous de notre mérite, mais nous paraissons souvent petits dans un emploi plus grand que nous.

420

Nous croyons souvent avoir de la constance dans les malheurs, lorsque nous n'avons que de l'abattement, et nous les souffrons sans oser les regarder comme les poltrons se laissent tuer de peur de se défendre.

421

La confiance fournit plus à la conversation que l'esprit.

422

Toutes les passions nous font faire des fautes, mais l'amour nous en fait faire de plus ridicules.

423

Peu de gens savent être vieux [46].

424

Nous nous faisons honneur des défauts opposés à ceux que nous avons : quand nous sommes faibles, nous nous vantons d'être opiniâtres.

425

La pénétration a un air de deviner qui flatte plus notre vanité que toutes les autres qualités de l'esprit.

426

La grâce de la nouveauté et la longue habitude, quelque opposées qu'elles soient, nous empêchent également de sentir les défauts de nos amis.

427

La plupart des amis dégoûtent de l'amitié, et la plupart des dévots dégoûtent de la dévotion.

428

Nous pardonnons aisément à nos amis les défauts qui ne nous regardent pas.

429

Les femmes qui aiment pardonnent plus aisément les grandes indiscrétions que les petites infidélités [47].

430

Dans la vieillesse de l'amour comme dans celle de l'âge on vit encore pour les maux, mais on ne vit plus pour les plaisirs.

431

Rien n'empêche tant d'être naturel que l'envie de le paraître.

432

C'est en quelque sorte se donner part aux belles actions, que de les louer de bon cœur.

433

La plus véritable marque d'être né avec de grandes qualités, c'est d'être né sans envie.

434

Quand nos amis nous ont trompés, on ne doit que de l'indifférence aux marques de leur amitié, mais on doit toujours de la sensibilité à leurs malheurs.

435

La fortune et l'humeur gouvernent le monde.

436

Il est plus aisé de connaître l'homme en général que de connaître un homme en particulier.

437

On ne doit pas juger du mérite d'un homme par ses grandes qualités, mais par l'usage qu'il en sait faire.

438

Il y a une certaine reconnaissance vive qui ne nous acquitte pas seulement des bienfaits que nous avons reçus, mais qui fait même que nos amis nous doivent en leur payant ce que nous leur devons.

439

Nous ne désirerions guère de choses avec ardeur, si nous connaissions parfaitement ce que nous désirons.

440

Ce qui fait que la plupart des femmes sont peu touchées de l'amitié, c'est qu'elle est fade quand on a senti de l'amour.

441

Dans l'amitié comme dans l'amour on est

souvent plus heureux par les choses qu'on ignore
que par celles que l'on sait.

442

Nous essayons de nous faire honneur des défauts
que nous ne voulons pas corriger.

443

Les passions les plus violentes nous laissent
quelquefois du relâche, mais la vanité nous agite
toujours.

444

Les vieux fous sont plus fous que les jeunes.

445

La faiblesse est plus opposée à la vertu que le
vice [48].

446

Ce qui rend les douleurs de la honte et de la
jalousie si aiguës, c'est que la vanité ne peut servir à
les supporter.

447

La bienséance est la moindre de toutes les lois, et
la plus suivie.

448

Un esprit droit a moins de peine de se soumettre
aux esprits de travers que de les conduire.

449

Lorsque la fortune nous surprend en nous donnant une grande place sans nous y avoir conduits par degrés, ou sans que nous nous y soyons élevés par nos espérances, il est presque impossible de s'y bien soutenir, et de paraître digne de l'occuper.

450

Notre orgueil s'augmente souvent de ce que nous retranchons de nos autres défauts.

451

Il n'y a point de sots si incommodes que ceux qui ont de l'esprit.

452

Il n'y a point d'homme qui se croie en chacune de ses qualités au-dessous de l'homme du monde qu'il estime le plus.

453

Dans les grandes affaires on doit moins s'appliquer à faire naître des occasions qu'à profiter de celles qui se présentent [49].

454

Il n'y a guère d'occasion où l'on fît un méchant marché de renoncer au bien qu'on dit de nous, à condition de n'en dire point de mal.

455

Quelque disposition qu'ait le monde à mal juger, il fait encore plus souvent grâce au faux mérite qu'il ne fait injustice au véritable.

456

On est quelquefois un sot avec de l'esprit, mais on ne l'est jamais avec du jugement.

457

Nous gagnerions plus de nous laisser voir tels que nous sommes, que d'essayer de paraître ce que nous ne sommes pas [50].

458

Nos ennemis approchent plus de la vérité dans les jugements qu'ils font de nous que nous n'en approchons nous-mêmes.

459

Il y a plusieurs remèdes qui guérissent de l'amour, mais il n'y en a point d'infaillibles.

460

Il s'en faut bien que nous connaissions tout ce que nos passions nous font faire.

461

La vieillesse est un tyran qui défend sur peine de la vie tous les plaisirs de la jeunesse.

462

Le même orgueil qui nous fait blâmer les défauts dont nous nous croyons exempts, nous porte à mépriser les bonnes qualités que nous n'avons pas.

463

Il y a souvent plus d'orgueil que de bonté à plaindre les malheurs de nos ennemis; c'est pour leur faire sentir que nous sommes au-dessus d'eux que nous leur donnons des marques de compassion.

464

Il y a un excès de biens et de maux qui passe notre sensibilité.

465

Il s'en faut bien que l'innocence ne trouve autant de protection que le crime.

466

De toutes les passions violentes, celle qui sied le moins mal aux femmes, c'est l'amour [51].

467

La vanité nous fait faire plus de choses contre notre goût que la raison.

468

Il y a de méchantes qualités qui font de grands talents.

469

On ne souhaite jamais ardemment ce qu'on ne souhaite que par raison.

470

Toutes nos qualités sont incertaines et douteuses en bien comme en mal, et elles sont presque toutes à la merci des occasions.

471

Dans les premières passions les femmes aiment l'amant, et dans les autres elles aiment l'amour.

472

L'orgueil a ses bizarreries, comme les autres passions; on a honte d'avouer que l'on ait de la jalousie, et on se fait honneur d'en avoir eu, et d'être capable d'en avoir.

473

Quelque rare que soit le véritable amour, il l'est encore moins que la véritable amitié.

474

Il y a peu de femmes dont le mérite dure plus que la beauté.

475

L'envie d'être plaint, ou d'être admiré, fait souvent la plus grande partie de notre confiance.

476

Notre envie dure toujours plus longtemps que le bonheur de ceux que nous envions.

477

La même fermeté qui sert à résister à l'amour sert aussi à le rendre violent et durable, et les personnes faibles qui sont toujours agitées des passions n'en sont presque jamais véritablement remplies.

478

L'imagination ne saurait inventer tant de diverses contrariétés qu'il y en a naturellement dans le cœur de chaque personne.

479

Il n'y a que les personnes qui ont de la fermeté qui puissent avoir une véritable douceur; celles qui paraissent douces n'ont d'ordinaire que de la faiblesse, qui se convertit aisément en aigreur.

480

La timidité est un défaut dont il est dangereux de reprendre les personnes qu'on en veut corriger.

481

Rien n'est plus rare que la véritable bonté; ceux mêmes qui croient en avoir n'ont d'ordinaire que de la complaisance ou de la faiblesse.

482

L'esprit s'attache par paresse et par constance à ce qui lui est facile ou agréable; cette habitude met toujours des bornes à nos connaissances, et jamais personne ne s'est donné la peine d'étendre et de conduire son esprit aussi loin qu'il pourrait aller.

483

On est d'ordinaire plus médisant par vanité que par malice.

484

Quand on a le cœur encore agité par les restes d'une passion, on est plus près d'en prendre une nouvelle que quand on est entièrement guéri.

485

Ceux qui ont eu de grandes passions se trouvent toute leur vie heureux, et malheureux, d'en être guéris.

486

Il y a encore plus de gens sans intérêt que sans envie.

487

Nous avons plus de paresse dans l'esprit que dans le corps.

488

Le calme ou l'agitation de notre humeur ne

dépend pas tant de ce qui nous arrive de plus
considérable dans la vie, que d'un arrangement
commode ou désagréable de petites choses qui
arrivent tous les jours.

489

Quelque méchants que soient les hommes, ils
n'oseraient paraître ennemis de la vertu, et lorsqu'ils la veulent persécuter, ils feignent de croire
qu'elle est fausse ou ils lui supposent des crimes.

490

On passe souvent de l'amour à l'ambition, mais
on ne revient guère de l'ambition à l'amour [52].

491

L'extrême avarice se méprend presque toujours;
il n'y a point de passion qui s'éloigne plus souvent
de son but, ni sur qui le présent ait tant de pouvoir
au préjudice de l'avenir.

492

L'avarice produit souvent des effets contraires;
il y a un nombre infini de gens qui sacrifient tout
leur bien à des espérances douteuses et éloignées,
d'autres méprisent de grands avantages à venir
pour de petits intérêts présents.

493

Il semble que les hommes ne se trouvent pas
assez de défauts; ils en augmentent encore le
nombre par de certaines qualités singulières dont

ils affectent de se parer, et ils les cultivent avec tant
de soin qu'elles deviennent à la fin des défauts
naturels, qu'il ne dépend plus d'eux de corriger.

494

Ce qui fait voir que les hommes connaissent
mieux leurs fautes qu'on ne pense, c'est qu'ils n'ont
jamais tort quand on les entend parler de leur
conduite : le même amour-propre qui les aveugle
d'ordinaire les éclaire alors, et leur donne des vues
si justes qu'il leur fait supprimer ou déguiser les
moindres choses qui peuvent être condamnées [53].

495

Il faut que les jeunes gens qui entrent dans le
monde soient honteux ou étourdis : un air capable
et composé se tourne d'ordinaire en impertinence.

496

Les querelles ne dureraient pas longtemps, si le
tort n'était que d'un côté.

497

Il ne sert de rien d'être jeune sans être belle, ni
d'être belle sans être jeune.

498

Il y a des personnes si légères et si frivoles
qu'elles sont aussi éloignées d'avoir de véritables
défauts que des qualités solides.

entre souffrir la mort constamment, et la mépriser. Le premier est assez ordinaire; mais je crois que l'autre n'est jamais sincère. On a écrit néanmoins tout ce qui peut le plus persuader que la mort n'est point un mal; et les hommes les plus faibles aussi bien que les héros ont donné mille exemples célèbres pour établir cette opinion. Cependant je doute que personne de bon sens l'ait jamais cru; et la peine que l'on prend pour le persuader aux autres et à soi-même fait assez voir que cette entreprise n'est pas aisée. On peut avoir divers sujets de dégoût dans la vie, mais on n'a jamais raison de mépriser la mort; ceux mêmes qui se la donnent volontairement ne la comptent pas pour si peu de chose, et ils s'en étonnent et la rejettent comme les autres, lorsqu'elle vient à eux par une autre voie que celle qu'ils ont choisie. L'inégalité que l'on remarque dans le courage d'un nombre infini de vaillants hommes vient de ce que la mort se découvre différemment à leur imagination, et y paraît plus présente en un temps qu'en un autre. Ainsi il arrive qu'après avoir méprisé ce qu'ils ne connaissent pas, ils craignent enfin ce qu'ils connaissent. Il faut éviter de l'envisager avec toutes ses circonstances, si on ne veut pas croire qu'elle soit le plus grand de tous les maux. Les plus habiles et les plus braves sont ceux qui prennent de plus honnêtes prétextes pour s'empêcher de la considérer. Mais tout homme qui la sait voir telle qu'elle est, trouve que c'est une chose épouvantable. La nécessité de mourir faisait toute la constance des philosophes. Ils croyaient qu'il fallait aller de bonne grâce où l'on ne saurait s'empêcher d'aller; et, ne pouvant éterniser leur vie, il n'y avait rien qu'ils ne fissent pour éterniser leur réputation, et sauver du naufrage ce qui n'en peut être garanti. Contentons-nous pour faire bonne mine de ne nous pas dire à nous-mêmes tout ce que nous en pensons, et espérons plus de notre tempérament que de ces faibles raisonnements qui nous font croire que nous pouvons approcher de la mort avec indifférence. La gloire de mourir avec fermeté, l'espérance d'être regretté, le désir de laisser une belle réputation, l'assurance d'être affranchi des misères de la vie, et de ne dépendre plus des caprices de la fortune, sont des remèdes qu'on ne doit pas rejeter. Mais on ne doit pas croire aussi qu'ils soient infaillibles. Ils font pour nous assurer ce qu'une simple haie fait souvent à la guerre pour assurer ceux qui doivent approcher d'un lieu d'où l'on tire. Quand on en est éloigné, on s'imagine qu'elle peut mettre à couvert; mais quand on en est proche, on trouve que c'est un faible secours. C'est nous flatter, de croire que la mort nous paraisse de près ce que nous en avons jugé de loin, et que nos sentiments, qui ne sont que faiblesse, soient d'une trempe assez forte pour ne point souffrir d'atteinte par la plus rude de toutes les épreuves. C'est aussi mal connaître les effets de l'amour-propre, que de penser qu'il puisse nous aider à compter pour rien ce qui le doit nécessairement détruire, et la raison, dans laquelle on croit trouver tant de ressources, est trop faible en cette rencontre pour nous persuader ce que nous voulons. C'est elle au contraire qui nous trahit le plus souvent, et qui, au lieu de nous inspirer le mépris de la mort, sert à nous découvrir ce qu'elle a d'affreux et de terrible. Tout ce qu'elle peut faire pour nous est de nous conseiller d'en détourner les yeux pour les arrêter sur d'autres objets. Caton et Brutus en choisirent d'illustres. Un laquais se contenta il y a quelque temps de danser sur l'échafaud où il allait être roué. Ainsi, bien que les motifs soient différents, ils produisent les mêmes effets. De sorte qu'il est vrai que, quelque monstrueuses que, lorsqu'il les a mises au jour, il les méconnaît, ou il ne peut se résoudre à les avouer. De cette nuit qui le couvre naissent les ridicules persuasions qu'il a de lui-même; de là viennent ses erreurs, ses ignorances, ses grossièretés et ses niaiseries sur son sujet; de là vient qu'il croit que ses sentiments sont morts lorsqu'ils ne sont qu'endormis, qu'il s'imagine n'avoir plus envie de courir dès qu'il se repose, et qu'il pense avoir perdu tous les goûts qu'il a rassasiés. Mais cette obscurité épaisse, qui le cache à lui-même, n'empêche pas qu'il ne voie parfaitement ce qui est hors de lui, en quoi il est semblable à nos yeux, qui découvrent tout, et sont aveugles seulement pour eux-mêmes. En effet dans ses plus grands intérêts, et dans ses plus importantes affaires, où la violence de ses souhaits appelle toute son attention, il voit, il sent, il entend, il imagine, il soupçonne, il pénètre, il devine tout; de sorte qu'on est tenté de croire que chacune de ses passions a une espèce de magie qui lui est propre. Rien n'est si intime et si fort que ses attachements, qu'il essaye de rompre inutilement à la vue des malheurs extrêmes qui le menacent. Cependant il fait quelquefois en peu de temps, et sans aucun effort, ce qu'il n'a pu faire avec tous ceux dont il est capable dans le cours de plusieurs années; d'où l'on pourrait conclure assez vraisemblablement que c'est par lui-même que ses désirs sont allumés, plutôt que par la beauté et par le mérite de ses objets; que son goût est le prix qui les relève, et le fard qui les embellit; que c'est après lui-même qu'il court, et qu'il suit son gré, lorsqu'il suit les choses qui sont à son gré. Il est tous les contraires : il est impérieux et obéissant, sincère et dissimulé, miséricordieux et cruel, timide et audacieux. Il a de différentes inclinations selon la diversité des tempéraments qui le tournent, et le dévouent tantôt à la gloire, tantôt aux richesses, et tantôt aux plaisirs; il en change selon le changement de nos âges, de nos fortunes et de nos expériences; mais il lui est indifférent d'en avoir plusieurs ou de n'en avoir qu'une, parce qu'il se partage en plusieurs et se ramasse en une quand il le faut, et comme il lui plaît. Il est inconstant, et outre les changements qui viennent des causes étrangères, il y en a une infinité qui naissent de lui, et de son propre fonds; il est inconstant d'inconstance, de légèreté, d'amour, de nouveauté, de lassitude et de dégoût; il est capricieux, et on le voit quelquefois travailler avec le dernier empressement, et avec des travaux incroyables, à obtenir des choses qui ne lui sont point avantageuses, et qui même lui sont nuisibles, mais qu'il poursuit parce qu'il les veut. Il est bizarre, et met souvent toute son application dans les emplois les plus frivoles; il trouve tout son plaisir dans les plus fades, et conserve toute sa fierté dans les plus méprisables. Il est dans tous les états de la vie, et dans toutes les conditions; il vit partout, et il vit de tout, il vit de rien; il s'accommode des choses, et de leur privation; il passe même dans le parti des gens qui lui font la guerre, il entre dans leurs desseins; et ce qui est admirable, il se hait lui-même avec eux, il conjure sa perte, il travaille même à sa ruine. Enfin il ne se soucie que d'être, et pourvu qu'il soit, il veut bien être son ennemi. Il ne faut donc pas s'étonner s'il se joint quelquefois à la plus rude austérité, et s'il entre si hardiment en société avec elle pour se détruire, parce que, dans le même temps qu'il se ruine en un endroit, il se rétablit en un autre; quand on pense qu'il quitte son plaisir, il ne fait que le suspendre, ou le changer, et lors même qu'il est vaincu et qu'on croit en être défait, on le retrouve qui triomphe dans sa propre défaite.

7

La complexion qui fait le talent pour les petites
choses est contraire à celle qu'il faut pour le talent
des grandes.

8

C'est une espèce de bonheur, de connaître
jusques à quel point on doit être malheureux.

9

On n'est jamais si malheureux qu'on croit, ni si
heureux qu'on avait espéré.

10

On se console souvent d'être malheureux par un
certain plaisir qu'on trouve à le paraître.

11

Il faudrait pouvoir répondre de sa fortune, pour
pouvoir répondre de ce que l'on fera.

12

Comment peut-on répondre de ce qu'on voudra
à l'avenir, puisque l'on ne sait pas précisément ce
que l'on veut dans le temps présent?

13

L'amour est à l'âme de celui qui aime ce que
l'âme est au corps qu'elle anime [56].

14

La justice n'est qu'une vive appréhension qu'on ne nous ôte ce qui nous appartient; de là vient cette considération et ce respect pour tous les intérêts du prochain, et cette scrupuleuse application à ne lui faire aucun préjudice; cette crainte retient l'homme dans les bornes des biens que la naissance, ou la fortune, lui ont donnés, et sans cette crainte il ferait des courses continuelles sur les autres.

15

La justice, dans les juges qui sont modérés, n'est que l'amour de leur élévation.

16

On blâme l'injustice, non pas par l'aversion que l'on a pour elle, mais pour le préjudice que l'on en reçoit.

17

Le premier mouvement de joie que nous avons du bonheur de nos amis ne vient ni de la bonté de notre naturel, ni de l'amitié que nous avons pour eux; c'est un effet de l'amour-propre qui nous flatte de l'espérance d'être heureux à notre tour, ou de retirer quelque utilité de leur bonne fortune.

18

Dans l'adversité de nos meilleurs amis, nous trouvons toujours quelque chose qui ne nous déplaît pas.

19

L'aveuglement des hommes est le plus dange-reux effet de leur orgueil : il sert à le nourrir et à l'augmenter, et nous ôte la connaissance des remèdes qui pourraient soulager nos misères et nous guérir de nos défauts.

20

On n'a plus de raison, quand on n'espère plus d'en trouver aux autres.

21

Les philosophes, et Sénèque surtout, n'ont point ôté les crimes par leurs préceptes : ils n'ont fait que les employer au bâtiment de l'orgueil.

22

Les plus sages le sont dans les choses indiffé-rentes, mais ils ne le sont presque jamais dans leurs plus sérieuses affaires.

23

La plus subtile folie se fait de la plus subtile sagesse [57].

24

La sobriété est l'amour de la santé, ou l'impuis-sance de manger beaucoup.

25

Chaque talent dans les hommes, de même que chaque arbre, a ses propriétés et ses effets qui lui sont tous particuliers *.

26

On n'oublie jamais mieux les choses que quand on s'est lassé d'en parler.

27

La modestie, qui semble refuser les louanges, n'est en effet qu'un désir d'en avoir de plus délicates.

28

On ne blâme le vice et on ne loue la vertu que par intérêt.

29

L'amour-propre empêche bien que celui qui nous flatte ne soit jamais celui qui nous flatte le plus.

30

On ne fait point de distinction dans les espèces de colères, bien qu'il y en ait une légère et quasi innocente, qui vient de l'ardeur de la complexion, et une autre très criminelle, qui est à proprement parler la fureur de l'orgueil.

31

Les grandes âmes ne sont pas celles qui ont moins de passions et plus de vertu que les âmes communes, mais celles seulement qui ont de plus grands desseins.

32

La férocité naturelle fait moins de cruels que l'amour-propre.

33

On peut dire de toutes nos vertus ce qu'un poète italien a dit de l'honnêteté des femmes, que ce n'est souvent autre chose qu'un art de paraître honnête ★ [58].

34

Ce que le monde nomme vertu n'est d'ordinaire qu'un fantôme formé par nos passions, à qui on donne un nom honnête, pour faire impunément ce qu'on veut.

35

Nous n'avouons jamais nos défauts que par vanité.

36

On ne trouve point dans l'homme le bien ni le mal dans l'excès.

37

Ceux qui sont incapables de commettre de grands crimes n'en soupçonnent pas facilement les autres.

38

La pompe des enterrements regarde plus la vanité des vivants que l'honneur des morts [59].

39

Quelque incertitude et quelque variété qui paraisse dans le monde, on y remarque néanmoins un certain enchaînement secret, et un ordre réglé de tout temps par la Providence, qui fait que chaque chose marche en son rang, et suit le cours de sa destinée.

40

L'intrépidité doit soutenir le cœur dans les conjurations, au lieu que la seule valeur lui fournit toute la fermeté qui lui est nécessaire dans les périls de la guerre.

41

Ceux qui voudraient définir la victoire par sa naissance seraient tentés comme les poètes de l'appeler la fille du Ciel, puisqu'on ne trouve point son origine sur la terre. En effet elle est produite par une infinité d'actions qui, au lieu de l'avoir pour but, regardent seulement les intérêts particuliers de ceux qui les font, puisque tous ceux qui composent une armée, allant à leur propre gloire et à leur élévation, procurent un bien si grand et si général.

42

On ne peut répondre de son courage quand on n'a jamais été dans le péril.

43

L'imitation est toujours malheureuse, et tout ce qui est contrefait déplaît avec les mêmes choses qui charment lorsqu'elles sont naturelles.

44

Il est bien malaisé de distinguer la bonté générale, et répandue sur tout le monde, de la grande habileté.

45

Pour pouvoir être toujours bon, il faut que les autres croient qu'ils ne peuvent jamais nous être impunément méchants.

46

La confiance de plaire est souvent un moyen de déplaire infailliblement.

47

La confiance que l'on a en soi fait naître la plus grande partie de celle que l'on a aux autres.

48

Il y a une révolution générale qui change le goût des esprits, aussi bien que les fortunes du monde.

49

La vérité est le fondement et la raison de la perfection, et de la beauté; une chose, de quelque nature qu'elle soit, ne saurait être belle, et parfaite, si elle n'est véritablement tout ce qu'elle doit être, et si elle n'a tout ce qu'elle doit avoir.

50

Il y a de belles choses qui ont plus d'éclat quand elles demeurent imparfaites que quand elles sont trop achevées.

51

La magnanimité est un noble effort de l'orgueil par lequel il rend l'homme maître de lui-même pour le rendre maître de toutes choses.

52

Le luxe et la trop grande politesse dans les États sont le présage assuré de leur décadence parce que, tous les particuliers s'attachant à leurs intérêts propres, ils se détournent du bien public.

53

De toutes les passions celle qui est la plus inconnue à nous-mêmes, c'est la paresse; elle est la plus ardente et la plus maligne de toutes, quoique sa violence soit insensible, et que les dommages qu'elle cause soient très cachés; si nous considérons attentivement son pouvoir, nous verrons qu'elle se rend en toutes rencontres maîtresse de nos sentiments, de nos intérêts et de nos plaisirs; c'est la rémore qui a la force d'arrêter les plus grands vaisseaux, c'est une bonace plus dangereuse aux plus importantes affaires que les écueils, et que les plus grandes tempêtes; le repos de la paresse est un charme secret de l'âme qui suspend soudainement les plus ardentes poursuites et les plus opiniâtres résolutions; pour donner enfin la véritable idée de cette passion, il faut dire que la paresse est comme une béatitude de l'âme, qui la console de toutes ses pertes, et qui lui tient lieu de tous les biens.

54

Il est plus facile de prendre de l'amour quand on n'en a pas, que de s'en défaire quand on en a.

55

La plupart des femmes se rendent plutôt par faiblesse que par passion; de là vient que pour l'ordinaire les hommes entreprenants réussissent mieux que les autres, quoiqu'ils ne soient pas plus aimables.

56

N'aimer guère en amour est un moyen assuré pour être aimé.

57

La sincérité que se demandent les amants et les

maîtresses, pour savoir l'un et l'autre quand ils cesseront de s'aimer, est bien moins pour vouloir être avertis quand on ne les aimera plus que pour être mieux assurés qu'on les aime lorsque l'on ne dit point le contraire.

58

La plus juste comparaison qu'on puisse faire de l'amour, c'est celle de la fièvre; nous n'avons non plus de pouvoir sur l'un que sur l'autre, soit pour sa violence ou pour sa durée.

59

La plus grande habileté des moins habiles est de se savoir soumettre à la bonne conduite d'autrui.

2º MAXIME SUPPRIMÉE APRÈS LA DEUXIÈME ÉDITION

60

Quand on ne trouve pas son repos en soi-même, il est inutile de le chercher ailleurs.

3º MAXIMES SUPPRIMÉES APRÈS LA QUATRIÈME ÉDITION

61

Comme on n'est jamais en liberté d'aimer, ou de cesser d'aimer, l'amant ne peut se plaindre avec justice de l'inconstance de sa maîtresse, ni elle de la légèreté de son amant.

62

Quand nous sommes las d'aimer, nous sommes bien aises qu'on nous devienne infidèle, pour nous dégager de notre fidélité.

63

Comment prétendons-nous qu'un autre garde notre secret si nous ne pouvons le garder nous-mêmes?

64

Il n'y en a point qui pressent tant les autres que les paresseux lorsqu'ils ont satisfait à leur paresse, afin de paraître diligents.

65

C'est une preuve de peu d'amitié de ne s'apercevoir pas du refroidissement de celle de nos amis.

66

Les rois font des hommes comme des pièces de monnaie; ils les font valoir ce qu'ils veulent, et l'on est forcé de les recevoir selon leur cours, et non pas selon leur véritable prix.

67

Nous sommes si préoccupés en notre faveur que souvent ce que nous prenons pour des vertus n'est

que des vices qui leur ressemblent, et que l'amour-
propre nous déguise [60].

68

Il y a des crimes qui deviennent innocents et
même glorieux par leur éclat, leur nombre et leur
excès. De là vient que les voleries publiques sont
des habiletés, et que prendre des provinces injustement s'appelle faire des conquêtes [61].

69

On donne plus aisément des bornes à sa reconnaissance qu'à ses espérances et qu'à ses désirs.

70

Nous ne regrettons pas toujours la perte de nos
amis par la considération de leur mérite, mais par
celle de nos besoins et de la bonne opinion qu'ils
avaient de nous.

71

On aime à deviner les autres; mais l'on n'aime
pas à être deviné.

72

C'est une ennuyeuse maladie que de conserver sa
santé par un trop grand régime.

73

On craint toujours de voir ce qu'on aime, quand
on vient de faire des coquetteries ailleurs.

74

On doit se consoler de ses fautes, quand on a la force de les avouer.

MAXIMES ÉCARTÉES

1⁰ *Maximes antérieures à la première édition, provenant du manuscrit de Liancourt* (ME 1 — ME 24), *des copies de 1663* (ME 25), *de l'édition de Hollande* (ME 26 — ME 27).

1

Comme la plus heureuse personne du monde est celle à qui peu de choses suffit, les grands et les ambitieux sont en ce point les plus misérables qu'il leur faut l'assemblage d'une infinité de biens pour les rendre heureux.

2

La finesse n'est qu'une pauvre habileté.

3

Les philosophes ne condamnent les richesses que par le mauvais usage que nous en faisons ; il dépend de nous de les acquérir et de nous en servir sans crime et, au lieu qu'elles nourrissent et accroissent les vices, comme le bois entretient et augmente le feu, nous pouvons les consacrer à toutes les vertus et les rendre même par là plus agréables et plus éclatantes.

4

La ruine du prochain plaît aux amis et aux ennemis.

5

On ne saurait compter toutes les espèces de vanité.

6

Ce qui nous empêche souvent de bien juger des sentences qui prouvent la fausseté des vertus, c'est que nous croyons trop aisément qu'elles sont véritables en nous.

7

Nous craignons toutes choses comme mortels, et nous désirons toutes choses comme si nous étions immortels [62].

8

Une preuve convaincante que l'homme n'a pas été créé comme il est, c'est que plus il devient raisonnable et plus il rougit en soi-même de l'extravagance, de la bassesse et de la corruption de ses sentiments et de ses inclinations.

9

Il ne faut pas s'offenser que les autres nous cachent la vérité puisque nous nous la cachons si souvent nous-mêmes.

10

Il semble que c'est le diable qui a tout exprès placé la paresse sur la frontière de plusieurs vertus.

11

La fin du bien est un mal; la fin du mal est un bien[63].

12

On blâme aisément les défauts des autres, mais on s'en sert rarement à corriger les siens.

13

Les biens et les maux qui nous arrivent ne nous touchent pas selon leur grandeur, mais selon notre sensibilité.

14

Ceux qui prisent trop leur noblesse ne prisent d'ordinaire pas assez ce qui en est l'origine[64].

15

Le remède de la jalousie est la certitude de ce qu'on craint, parce qu'elle cause la fin de la vie ou la fin de l'amour; c'est un cruel remède, mais il est plus doux que les doutes et les soupçons.

16

Il est difficile de comprendre combien est grande la ressemblance et la différence qu'il y a entre tous les hommes.

17

Ce qui fait tant disputer contre les maximes qui découvrent le cœur de l'homme, c'est que l'on craint d'y être découvert.

18

On peut toujours ce qu'on veut, pourvu qu'on le veuille bien.

19

L'homme est si misérable que, tournant toutes ses conduites à satisfaire ses passions, il gémit incessamment sous leur tyrannie; il ne peut supporter ni leur violence ni celle qu'il faut qu'il se fasse pour s'affranchir de leur joug; il trouve du dégoût non seulement dans ses vices, mais encore dans leurs remèdes, et ne peut s'accommoder ni des chagrins de ses maladies ni du travail de sa guérison.

20

Dieu a permis, pour punir l'homme du péché originel, qu'il se fît un dieu de son amour-propre pour en être tourmenté dans toutes les actions de sa vie.

21

L'espérance et la crainte sont inséparables, et il n'y a point de crainte sans espérance ni d'espérance sans crainte.

22

Le pouvoir que les personnes que nous aimons ont sur nous est presque toujours plus grand que celui que nous y avons nous-mêmes.

23

Ce qui nous fait croire si facilement que les autres ont des défauts, c'est la facilité que l'on a de croire ce qu'on souhaite.

24

L'intérêt est l'âme de l'amour-propre, de sorte que, comme le corps, privé de son âme, est sans vue, sans ouïe, sans connaissance, sans sentiment et sans mouvement, de même l'amour-propre séparé, s'il le faut dire ainsi, de son intérêt, ne voit, n'entend, ne sent et ne se remue plus ; de là vient qu'un même homme qui court la terre et les mers pour son intérêt devient soudainement paralytique pour l'intérêt des autres ; de là vient le soudain assoupissement et cette mort que nous causons à tous ceux à qui nous contons nos affaires ; de là vient leur prompte résurrection lorsque dans notre narration nous y mêlons quelque chose qui les regarde ; de sorte que nous voyons dans nos conversations et dans nos traités que dans un même moment un homme perd connaissance et revient à soi, selon que son propre intérêt s'approche de lui ou qu'il s'en retire.

25

Si on avait ôté de ce que l'on appelle force le désir de conserver, et la crainte de perdre, il ne lui resterait pas grand-chose [65].

26

*La familiarité est un relâchement presque de toutes
les règles de la vie civile, que le libertinage a introduit
dans la société pour nous faire parvenir à celle qu'on
appelle commode. C'est un effet de l'amour-propre qui,
voulant tout accommoder à notre faiblesse, nous
soustrait à l'honnête sujétion que nous imposent les
bonnes mœurs et, pour chercher trop les moyens de
nous les rendre commodes, le[s] fait dégénérer en vices.
Les femmes, ayant naturellement plus de mollesse que
les hommes, tombent plutôt dans ce relâchement, et y
perdent davantage : l'autorité du sexe ne se maintient
pas, le respect qu'on lui doit diminue, et l'on peut dire
que l'honnête y perd la plus grande partie de ses
droits* [66].

27

*La raillerie est une gaieté agréable de l'esprit, qui
enjoue la conversation, et qui lie la société si elle est
obligeante, ou qui la trouble si elle ne l'est pas. Elle est
plus pour celui qui la fait que pour celui qui la souffre.
C'est toujours un combat de bel esprit, que produit la
vanité ; d'où vient que ceux qui en manquent pour la
soutenir, et ceux qu'un défaut reproché fait rougir, s'en
offensent également, comme d'une défaite injurieuse
qu'ils ne sauraient pardonner. C'est un poison qui tout
pur éteint l'amitié et excite la haine, mais qui corrigé
par l'agrément de l'esprit, et la flatterie de la louange,
l'acquiert ou la conserve ; et il en faut user sobrement
avec ses amis et avec les faibles.*

[20] *Maximes composées entre la deuxième (1666) et la
troisième édition (1671), provenant de la lettre 43, de 1667*

(ME 28 à ME 30) *et du manuscrit 6041 de l'Arsenal* (ME 31 — ME 32).

28

Les passions ne sont que les divers goûts de l'amour-propre.

29

L'extrême ennui sert à nous désennuyer.

30

On loue et on blâme la plupart des choses parce que c'est la mode de les louer ou de les blâmer.

31

Nos actions paraissent moins par ce qu'elles sont que par le jour qu'il plaît à la fortune de leur donner.

32

On se venge quelquefois mieux de ses ennemis en leur faisant du bien qu'en leur faisant du mal [67].

3⁰ *Maximes composées entre la troisième (1671) et la quatrième édition (1675), provenant de la lettre 44* (ME 33) *et du* Supplément *de 1693* (ME 34 à ME 57).

33

Il n'est jamais plus difficile de bien parler que lorsqu'on ne parle que de peur de se taire.

34

Force gens veulent être dévots, mais personne ne veut être humble.

35

Le travail du corps délivre des peines de l'esprit, et c'est ce qui rend les pauvres heureux.

36

Les véritables mortifications sont celles qui ne sont point connues; la vanité rend les autres faciles.

37

L'humilité est l'autel sur lequel Dieu veut qu'on lui offre des sacrifices.

38

Il faut peu de choses pour rendre le sage heureux; rien ne peut rendre un fol content; c'est pourquoi presque tous les hommes sont misérables.

39

Nous nous tourmentons moins pour devenir heureux que pour faire croire que nous le sommes.

40

Il est bien plus aisé d'éteindre un premier désir que de satisfaire tous ceux qui le suivent.

41

La sagesse est à l'âme ce que la santé est pour le corps.

42

Les grands de la terre ne pouvant donner la santé du corps ni le repos d'esprit, on achète toujours trop cher tous les biens qu'ils peuvent faire.

43

Avant que de désirer fortement une chose, il faut examiner quel est le bonheur de celui qui la possède.

44

Un véritable ami est le plus grand de tous les biens et celui de tous qu'on songe le moins à acquérir.

45

Les amants ne voient les défauts de leurs maîtresses que lorsque leur enchantement est fini.

46

La prudence et l'amour ne sont pas faits l'un pour l'autre : à mesure que l'amour croît, la prudence diminue.

47

Il est quelquefois agréable à un mari d'avoir une

femme jalouse : il entend toujours parler de ce qu'il aime.

48

Qu'une femme est à plaindre, quand elle a tout ensemble de l'amour et de la vertu [68] !

49

Le sage trouve mieux son compte à ne point s'engager qu'à vaincre.

50

Il est plus nécessaire d'étudier les hommes que les livres.

51

Le bonheur ou le malheur vont d'ordinaire à ceux qui ont le plus de l'un ou de l'autre.

52

On ne se blâme que pour être loué.

53

Il n'est rien de plus naturel ni de plus trompeur que de croire qu'on est aimé.

54

Nous aimons mieux voir ceux à qui nous faisons du bien que ceux qui nous en font.

55

Il est plus difficile de dissimuler les sentiments que l'on a que de feindre ceux que l'on n'a pas.

56

Les amitiés renouées demandent plus de soins que celles qui n'ont jamais été rompues.

57

Un homme à qui personne ne plaît est bien plus malheureux que celui qui ne plaît à personne [69].

Réflexions diverses

sujet peut n'en avoir qu'une : le sujet qui a plusieurs vérités est d'un plus grand prix, et peut briller par des endroits où l'autre ne brille pas ; mais dans l'endroit où l'un et l'autre est vrai, ils brillent également. Épaminondas était grand capitaine, bon citoyen, grand philosophe ; il était plus estimable que Virgile, parce qu'il avait plus de vérités que lui ; mais comme grand capitaine, Épaminondas n'était pas plus excellent que Virgile comme grand poète, parce que, par cet endroit, il n'était pas plus vrai que lui. La cruauté de cet enfant qu'un consul fit mourir pour avoir crevé les yeux d'une corneille [2] était moins importante que celle de Philippe second, qui fit mourir son fils [3], et elle était peut-être mêlée avec moins d'autres vices ; mais le degré de cruauté exercée sur un simple animal ne laisse pas de tenir son rang avec la cruauté des princes les plus cruels, parce que leurs différents degrés de cruauté ont une vérité égale.

Quelque disproportion qu'il y ait entre deux maisons qui ont les beautés qui leur conviennent, elles ne s'effacent point l'une l'autre : ce qui fait que Chantilly n'efface point Liancourt [4], bien qu'il ait infiniment plus de diverses beautés, et que Liancourt n'efface pas aussi Chantilly, c'est que Chantilly a les beautés qui conviennent à la grandeur de Monsieur le Prince, et que Liancourt a les beautés qui conviennent à un particulier, et qu'ils ont chacun de vraies beautés. On voit néanmoins des femmes d'une beauté éclatante, mais irrégulière, qui en effacent souvent de plus véritablement belles ; mais comme le goût, qui se prévient aisément, est le juge de la beauté, et que la beauté des plus belles personnes n'est pas toujours égale, s'il arrive que les moins belles effacent les autres, ce sera seulement durant quelques moments ; ce sera que la différence de la lumière et du jour fera plus ou moins discerner la vérité qui est dans les traits ou dans les couleurs, qu'elle fera paraître ce que la moins belle aura de beau, et empêchera de paraître ce qui est de vrai et de beau dans l'autre.

II. DE LA SOCIÉTÉ

Mon dessein n'est pas de parler de l'amitié en parlant de la société; bien qu'elles aient quelque rapport, elles sont néanmoins très différentes : la première a plus d'élévation et de dignité, et le plus grand mérite de l'autre, c'est de lui ressembler. Je ne parlerai donc présentement que du commerce particulier que les honnêtes gens doivent avoir ensemble.

Il serait inutile de dire combien la société est nécessaire aux hommes : tous la désirent et tous la cherchent, mais peu se servent des moyens de la rendre agréable et de la faire durer. Chacun veut trouver son plaisir et ses avantages aux dépens des autres; on se préfère toujours à ceux avec qui on se propose de vivre, et on leur fait presque toujours sentir cette préférence; c'est ce qui trouble et qui détruit la société. Il faudrait du moins savoir cacher ce désir de préférence, puisqu'il est trop naturel en nous pour nous en pouvoir défaire; il faudrait faire son plaisir et celui des autres, ménager leur amour-propre, et ne le blesser jamais.

L'esprit a beaucoup de part à un si grand ouvrage, mais il ne suffit pas seul pour nous conduire dans les divers chemins qu'il faut tenir. Le rapport qui se rencontre entre les esprits ne maintiendrait pas longtemps la société, si elle n'était réglée et soutenue par le bon sens, par l'humeur, et par des égards qui doivent être entre les personnes qui veulent vivre ensemble. S'il arrive quelquefois que des gens opposés d'humeur et d'esprit paraissent unis, ils tiennent sans doute par des liaisons étrangères, qui ne durent pas longtemps. On peut être aussi en société avec des personnes sur qui nous avons de la supériorité par la naissance ou par des qualités personnelles; mais ceux qui ont cet avantage n'en doivent pas abuser; ils doivent rarement le faire sentir, et ne s'en servir que pour instruire les autres; ils doivent les faire apercevoir qu'ils ont besoin d'être conduits, et les mener par raison, en s'accommodant autant qu'il est possible à leurs sentiments et à leurs intérêts.

Pour rendre la société commode, il faut que chacun conserve sa liberté : il faut se voir, ou ne se voir point, sans sujétion, se divertir ensemble, et même s'ennuyer ensemble; il faut se pouvoir séparer, sans que cette séparation apporte de changement; il faut se pouvoir passer les uns des autres, si on ne veut pas s'exposer à embarrasser quelquefois, et on doit se souvenir qu'on incommode souvent, quand on croit ne pouvoir jamais incommoder. Il faut contribuer, autant qu'on le peut, au divertissement des personnes avec qui on veut vivre; mais il ne faut pas être toujours chargé du soin d'y contribuer. La complaisance est nécessaire dans la société, mais elle doit avoir des bornes : elle devient une servitude quand elle est excessive; il faut du moins qu'elle paraisse libre, et qu'en suivant le sentiment de nos amis, ils soient persuadés que c'est le nôtre aussi que nous suivons.

Il faut être facile à excuser nos amis, quand leurs défauts sont nés avec eux, et qu'ils sont moindres que leurs bonnes qualités; il faut souvent éviter de leur faire voir qu'on les ait remarqués et qu'on en soit choqué, et on doit essayer de faire en sorte qu'ils puissent s'en apercevoir eux-mêmes, pour leur laisser le mérite de s'en corriger.

Il y a une sorte de politesse qui est nécessaire dans le commerce des honnêtes gens; elle leur fait entendre raillerie, et elle les empêche d'être choqués et de choquer les autres par de certaines façons de parler trop sèches et trop dures, qui échappent souvent sans y penser, quand on soutient son opinion avec chaleur.

Le commerce des honnêtes gens ne peut subsister sans une certaine sorte de confiance; elle doit être commune entre eux; il faut que chacun ait un air de sûreté et de discrétion qui ne donne jamais lieu de craindre qu'on puisse rien dire par imprudence.

Il faut de la variété dans l'esprit : ceux qui n'ont que d'une sorte d'esprit ne peuvent plaire longtemps. On peut prendre des routes diverses, n'avoir pas les mêmes vues ni les mêmes talents, pourvu qu'on aide au plaisir de la société, et qu'on y observe la même justesse que les différentes voix et les divers instruments doivent observer dans la musique.

Comme il est malaisé que plusieurs personnes puissent avoir les mêmes intérêts, il est nécessaire au moins, pour la douceur de la société, qu'ils n'en aient pas de contraires. On doit aller au-devant de ce qui peut plaire à ses amis, chercher les moyens de leur être utile, leur épargner des chagrins, leur faire voir qu'on les partage avec eux quand on ne peut les détourner, les effacer insensiblement sans prétendre de les arracher tout d'un coup, et mettre en la place des objets agréables, ou du moins qui les occupent. On peut leur parler des choses qui les regardent, mais ce n'est qu'autant qu'ils le permettent, et on y doit garder beaucoup de mesure; il y a de la politesse, et quelquefois même de l'humanité, à ne pas entrer trop avant dans les replis de leur cœur; ils ont souvent de la peine à laisser voir tout ce qu'ils en connaissent, et ils en ont encore davantage quand on pénètre ce qu'ils ne connaissent pas. Bien que le commerce que les honnêtes gens ont ensemble leur donne de la familiarité, et leur fournisse un nombre infini de sujets de se parler sincèrement, personne presque n'a assez de docilité et de bon sens pour bien recevoir plusieurs avis qui sont nécessaires pour maintenir la société : on veut être averti jusqu'à un certain point, mais on ne veut pas l'être en toutes choses, et on craint de savoir toutes sortes de vérités.

Comme on doit garder des distances pour voir les objets, il en faut garder aussi pour la société : chacun a son point de vue, d'où il veut être regardé [5]; on a raison, le plus souvent, de ne vouloir pas être éclairé de trop près, et il n'y a presque point d'homme qui veuille, en toutes choses, se laisser voir tel qu'il est.

III. DE L'AIR ET DES MANIÈRES

Il y a un air qui convient à la figure et aux talents de chaque personne; on perd toujours quand on le quitte pour en prendre un autre. Il faut essayer de connaître celui qui nous est naturel, n'en point sortir, et le perfectionner autant qu'il nous est possible.

Ce qui fait que la plupart des petits enfants plaisent, c'est qu'ils sont encore renfermés dans cet air et dans ces manières que la nature leur a donnés, et qu'ils n'en connaissent point d'autres. Ils les changent et les corrompent quand ils sortent de l'enfance : ils croient qu'il faut imiter ce qu'ils voient faire aux autres, et ils ne le peuvent parfaitement imiter ; il y a toujours quelque chose de faux et d'incertain dans cette imitation. Ils n'ont rien de fixe dans leurs manières ni dans leurs sentiments ; au lieu d'être en effet ce qu'ils veulent paraître, ils cherchent à paraître ce qu'ils ne sont pas. Chacun veut être un autre, et n'être plus ce qu'il est[6] : ils cherchent une contenance hors d'eux-mêmes, et un autre esprit que le leur ; ils prennent des tons et des manières au hasard ; ils en font l'expérience sur eux, sans considérer que ce qui convient à quelques-uns ne convient pas à tout le monde, qu'il n'y a point de règle générale pour les tons et pour les manières, et qu'il n'y a point de bonnes copies. Deux hommes néanmoins peuvent avoir du rapport en plusieurs choses sans être copie l'un de l'autre, si chacun suit son naturel ; mais personne presque ne le suit entièrement. On aime à imiter ; on imite souvent, même sans s'en apercevoir, et on néglige ses propres biens pour des biens étrangers, qui d'ordinaire ne nous conviennent pas.

Je ne prétends pas, par ce que je dis, nous renfermer tellement en nous-mêmes que nous n'ayons pas la liberté de suivre des exemples, et de joindre à nous des qualités utiles ou nécessaires que la nature ne nous a pas données : les arts et les sciences conviennent à la plupart de ceux qui s'en rendent capables, la bonne grâce et la politesse conviennent à tout le monde ; mais ces qualités acquises doivent avoir un certain rapport et une certaine union avec nos propres qualités, qui les étendent et les augmentent imperceptiblement.

Nous sommes quelquefois élevés à un rang et à des dignités au-dessus de nous, nous sommes souvent engagés dans une profession nouvelle où la nature ne nous avait pas destinés ; tous ces états ont chacun un air qui leur convient, mais qui ne

convient pas toujours avec notre air naturel ; ce
changement de notre fortune change souvent notre
air et nos manières, et y ajoute l'air de la dignité,
qui est toujours faux quand il est trop marqué et
qu'il n'est pas joint et confondu avec l'air que la
nature nous a donné : il faut les unir et les mêler
ensemble et qu'ils ne paraissent jamais séparés.

On ne parle pas de toutes choses sur un même
ton et avec les mêmes manières ; on ne marche pas
à la tête d'un régiment comme on marche en se
promenant. Mais il faut qu'un même air nous fasse
dire naturellement des choses différentes, et qu'il
nous fasse marcher différemment, mais toujours
naturellement, et comme il convient de marcher à
la tête d'un régiment et à une promenade.

Il y en a qui ne se contentent pas de renoncer à
leur air propre et naturel, pour suivre celui du rang
et des dignités où ils sont parvenus ; il y en a même
qui prennent par avance l'air des dignités et du
rang où ils aspirent. *Combien de lieutenants généraux
apprennent à paraître maréchaux de France ! Combien de gens de robe répètent inutilement l'air de
chancelier, et combien de bourgeoises se donnent l'air de
duchesses* [7] !

Ce qui fait qu'on déplaît souvent, c'est que
personne ne sait accorder son air et ses manières
avec sa figure, ni ses tons et ses paroles avec ses
pensées et ses sentiments ; on trouble leur harmonie
par quelque chose de faux et d'étranger ; on s'oublie
soi-même, et on s'en éloigne insensiblement. Tout
le monde presque tombe, par quelque endroit, dans
ce défaut ; personne n'a l'oreille assez juste pour
entendre parfaitement cette sorte de cadence. Mille
gens déplaisent avec des qualités aimables, mille
gens plaisent avec de moindres talents : c'est que
les uns veulent paraître ce qu'ils ne sont pas, les
autres sont ce qu'ils paraissent ; et enfin, quelques

avantages ou quelques désavantages que nous ayons
reçus de la nature, on plaît à proportion de ce qu'on
suit l'air, les tons, les manières et les sentiments qui
conviennent à notre état et à notre figure, et on
déplaît à proportion de ce qu'on s'en éloigne.

IV. DE LA CONVERSATION

Ce qui fait que si peu de personnes sont agréables dans la conversation, c'est que chacun songe
plus à ce qu'il veut dire qu'à ce que les autres
disent. Il faut écouter ceux qui parlent, si on en
veut être écouté; il faut leur laisser la liberté de se
faire entendre, et même de dire des choses inutiles.
Au lieu de les contredire ou de les interrompre,
comme on fait souvent, on doit, au contraire, entrer
dans leur esprit et dans leur goût, montrer qu'on
les entend, leur parler de ce qui les touche, louer ce
qu'ils disent autant qu'il mérite d'être loué, et faire
voir que c'est plus par choix qu'on le loue que par
complaisance. Il faut éviter de contester sur des
choses indifférentes, faire rarement des questions
inutiles, ne laisser jamais croire qu'on prétend avoir
plus de raison que les autres, et céder aisément
l'avantage de décider.

On doit dire des choses naturelles, faciles et plus
ou moins sérieuses, selon l'humeur et l'inclinaison
des personnes que l'on entretient, ne les presser pas
d'approuver ce qu'on dit, ni même d'y répondre.
Quand on a satisfait de cette sorte aux devoirs de la
politesse, on peut dire ses sentiments, sans prévention et sans opiniâtreté, en faisant paraître qu'on
cherche à les appuyer de l'avis de ceux qui
écoutent.

Il faut éviter de parler longtemps de soi-même,
et de se donner souvent pour exemple. On ne

saurait avoir trop d'application à connaître la pente et la portée de ceux à qui on parle, pour se joindre à l'esprit de celui qui en a le plus, et pour ajouter ses pensées aux siennes, en lui faisant croire, autant qu'il est possible, que c'est de lui qu'on les prend. Il y a de l'habileté à n'épuiser pas les sujets qu'on traite, et à laisser toujours aux autres quelque chose à penser et à dire.

On ne doit jamais parler avec des airs d'autorité, ni se servir de paroles et de termes plus grands que les choses. On peut conserver ses opinions, si elles sont raisonnables; mais en les conservant, il ne faut jamais blesser les sentiments des autres, ni paraître choqué de ce qu'ils ont dit. Il est dangereux de vouloir être toujours le maître de la conversation, et de parler trop souvent d'une même chose; on doit entrer indifféremment sur tous les sujets agréables qui se présentent, et ne faire jamais voir qu'on veut entraîner la conversation sur ce qu'on a envie de dire.

Il est nécessaire d'observer que toute sorte de conversation, quelque honnête et quelque spirituelle qu'elle soit, n'est pas également propre à toute sorte d'honnêtes gens : il faut choisir ce qui convient à chacun, et choisir même le temps de le dire; mais s'il y a beaucoup d'art à parler, il n'y en a pas moins à se taire. Il y a un silence éloquent : il sert quelquefois à approuver et à condamner; il y a un silence moqueur; il y a un silence respectueux; il y a des airs, des tours et des manières qui font souvent ce qu'il y a d'agréable ou de désagréable, de délicat ou de choquant dans la conversation. Le secret de s'en bien servir est donné à peu de personnes; ceux mêmes qui en font des règles s'y méprennent quelquefois; la plus sûre, à mon avis, c'est de n'en point avoir qu'on ne puisse changer,

de laisser plutôt voir des négligences dans ce qu'on
dit que de l'affectation, d'écouter, de ne parler
guère, et de ne se forcer jamais à parler [8].

V. DE LA CONFIANCE

Bien que la sincérité et la confiance aient du
rapport, elles sont néanmoins différentes en plusieurs choses : la sincérité est une ouverture de
cœur [9], qui nous montre tels que nous sommes;
c'est un amour de la vérité, une répugnance à se
déguiser, un désir de se dédommager de ses
défauts, et de les diminuer même par le mérite de
les avouer. La confiance ne nous laisse pas tant de
liberté, ses règles sont plus étroites, elle demande
plus de prudence et de retenue, et nous ne sommes
pas toujours libres d'en disposer : il ne s'agit pas de
nous uniquement, et nos intérêts sont mêlés
d'ordinaire avec les intérêts des autres. Elle a
besoin d'une grande justesse pour ne livrer pas nos
amis en nous livrant nous-mêmes, et pour ne faire
pas des présents de leur bien dans la vue d'augmenter le prix de ce que nous donnons.

La confiance plaît toujours à celui qui la reçoit :
c'est un tribut que nous payons à son mérite; c'est
un dépôt que l'on commet à sa foi; ce sont des
gages qui lui donnent un droit sur nous, et une
sorte de dépendance où nous nous assujettissons
volontairement. Je ne prétends pas détruire par ce
que je dis la confiance, si nécessaire entre les
hommes puisqu'elle est le lien de la société et de
l'amitié; je prétends seulement y mettre des
bornes, et la rendre honnête et fidèle. Je veux
qu'elle soit toujours vraie et toujours prudente, et
qu'elle n'ait ni faiblesse ni intérêt; je sais bien qu'il
est malaisé de donner de justes limites à la manière

de recevoir toute sorte de confiance de nos amis, et de leur faire part de la nôtre.

On se confie le plus souvent par vanité, par envie de parler, par le désir de s'attirer la confiance des autres, et pour faire un échange de secrets. Il y a des personnes qui peuvent avoir raison de se fier en nous, vers qui nous n'aurions pas raison d'avoir la même conduite, et on s'acquitte envers ceux-ci en leur gardant le secret, et en les payant de légères confidences. Il y en a d'autres dont la fidélité nous est connue, qui ne ménagent rien avec nous, et à qui on peut se confier par choix et par estime. On doit ne leur rien cacher de ce qui ne regarde que nous, se montrer à eux toujours vrais dans nos bonnes qualités et dans nos défauts même, sans exagérer les unes et sans diminuer les autres, se faire une loi de ne leur faire jamais de demi-confidences; elles embarrassent toujours ceux qui les font, et ne contentent presque jamais ceux qui les reçoivent : on leur donne des lumières confuses de ce qu'on veut cacher, on augmente leur curiosité, on les met en droit d'en vouloir savoir davantage, et ils se croient en liberté de disposer de ce qu'ils ont pénétré. Il est plus sûr et plus honnête de ne leur rien dire que de se taire quand on a commencé de parler.

Il y a d'autres règles à suivre pour les choses qui nous ont été confiées. Plus elles sont importantes, et plus la prudence et la fidélité y sont nécessaires. Tout le monde convient que le secret doit être inviolable, mais on ne convient pas toujours de la nature et de l'importance du secret; nous ne consultons le plus souvent que nous-mêmes sur ce que nous devons dire et sur ce que nous devons taire; il y a peu de secrets de tous les temps, et le scrupule de les révéler ne dure pas toujours.

On a des liaisons étroites avec des amis dont on

connaît la fidélité; ils nous ont toujours parlé sans
réserve, et nous avons toujours gardé les mêmes
mesures avec eux; ils savent nos habitudes et nos
commerces, et ils nous voient de trop près pour ne
s'apercevoir pas du moindre changement; ils
peuvent savoir par ailleurs ce que nous sommes
engagés de ne dire jamais à personne; il n'a pas été
en notre pouvoir de les faire entrer dans ce qu'on
nous a confié; ils ont peut-être même quelque
intérêt de le savoir; on est assuré d'eux comme de
soi, et on se voit réduit à la cruelle nécessité de
perdre leur amitié, qui nous est précieuse, ou de
manquer à la foi du secret. Cet état est sans doute
la plus rude épreuve de la fidélité; mais il ne doit
pas ébranler un honnête homme : c'est alors qu'il
lui est permis de se préférer aux autres; son
premier devoir est de conserver indispensablement
ce dépôt en son entier, sans en peser les suites; il
doit non seulement ménager ses paroles et ses tons,
il doit encore ménager ses conjectures, et ne laisser
jamais rien voir, dans ses discours ni dans son air,
qui puisse tourner l'esprit des autres vers ce qu'il
ne veut pas dire.

On a souvent besoin de force et de prudence
pour opposer à la tyrannie de la plupart de nos
amis, qui se font un droit sur notre confiance, et
qui veulent tout savoir de nous. On ne doit jamais
leur laisser établir ce droit sans exception : il y a des
rencontres et des circonstances qui ne sont pas de
leur juridiction; s'ils s'en plaignent, on doit souffrir
leurs plaintes, et s'en justifier avec douceur; mais
s'ils demeurent injustes, on doit sacrifier leur
amitié à son devoir, et choisir entre deux maux
inévitables, dont l'un se peut réparer, et l'autre est
sans remède.

VI. DE L'AMOUR ET DE LA MER

Ceux qui ont voulu nous représenter l'amour et ses caprices l'ont comparé en tant de sortes à la mer qu'il est malaisé de rien ajouter à ce qu'ils en ont dit. Ils nous ont fait voir que l'un et l'autre ont une inconstance et une infidélité égales, que leurs biens et leurs maux sont sans nombre, que les navigations les plus heureuses sont exposées à mille dangers, que les tempêtes et les écueils sont toujours à craindre, et que souvent même on fait naufrage dans le port. Mais en nous exprimant tant d'espérances et tant de craintes, ils ne nous ont pas assez montré, ce me semble, le rapport qu'il y a d'un amour usé, languissant et sur sa fin, à ces longues bonaces, à ces calmes ennuyeux, que l'on rencontre sous la ligne : on est fatigué d'un grand voyage, on souhaite de l'achever ; on voit la terre, mais on manque de vent pour y arriver ; on se voit exposé aux injures des saisons ; les maladies et les langueurs empêchent d'agir ; l'eau et les vivres manquent ou changent de goût ; on a recours inutilement aux secours étrangers ; on essaye de pêcher, et on prend quelques poissons, sans en tirer de soulagement ni de nourriture ; on est las de tout ce qu'on voit, on est toujours avec ses mêmes pensées, et on est toujours ennuyé ; on vit encore, et on a regret à vivre ; on attend des désirs pour sortir d'un état pénible et languissant, mais on n'en forme que de faibles et d'inutiles [10].

VII. DES EXEMPLES

Quelque différence qu'il y ait entre les bons et les mauvais exemples, on trouvera que les uns èt les autres ont presque également produit de méchants effets. Je ne sais même si les crimes de Tibère et de Néron ne nous éloignent pas plus du vice que les exemples estimables des plus grands hommes ne nous approchent de la vertu. Combien la valeur d'Alexandre a-t-elle fait de fanfarons! Combien la gloire de César a-t-elle autorisé d'entreprises contre la patrie! Combien Rome et Sparte ont-elles loué de vertus farouches! Combien Diogène a-t-il fait de philosophes importuns, Cicéron de babillards, Pomponius Atticus de gens neutres et paresseux, Marius et Sylla de vindicatifs, Lucullus de voluptueux, Alcibiade et Antoine de débauchés, Caton d'opiniâtres! Tous ces grands originaux ont produit un nombre infini de mauvaises copies. Les vertus sont frontières des vices; les exemples sont des guides qui nous égarent souvent, et nous sommes si remplis de fausseté que nous ne nous en servons pas moins pour nous éloigner du chemin de la vertu que pour le suivre.

VIII. DE L'INCERTITUDE DE LA JALOUSIE

Plus on parle de sa jalousie, et plus les endroits qui ont déplu paraissent de différents côtés; les moindres circonstances les changent, et font toujours découvrir quelque chose de nouveau. Ces nouveautés font revoir sous d'autres apparences ce qu'on croyait avoir assez vu et assez pesé; on cherche à s'attacher à une opinion, et on ne s'attache à rien; tout ce qui est de plus opposé et de plus effacé se présente en même temps; on veut haïr et on veut aimer, mais on aime encore quand on hait, et on hait encore quand on aime; on croit tout, et on doute de tout; on a de la honte et du dépit d'avoir cru et d'avoir douté; on se travaille incessamment pour arrêter son opinion, et on ne la conduit jamais à un lieu fixe.

Les poètes devraient comparer cette opinion à la peine de Sisyphe, puisqu'on roule aussi inutilement que lui un rocher, par un chemin pénible et périlleux : on voit le sommet de la montagne et on s'efforce d'y arriver, on l'espère quelquefois, mais on n'y arrive jamais. On n'est pas assez heureux pour oser croire ce qu'on souhaite, ni même assez heureux aussi pour être assuré de ce qu'on craint le plus. On est assujetti à une incertitude éternelle, qui nous présente successivement des biens et des maux qui nous échappent toujours.

IX. DE L'AMOUR ET DE LA VIE

L'amour est une image de notre vie : l'un et l'autre sont sujets aux mêmes révolutions et aux mêmes changements. Leur jeunesse est pleine de joie et d'espérance : on se trouve heureux d'être jeune, comme on se trouve heureux d'aimer. Cet état si agréable nous conduit à désirer d'autres biens, et on en veut de plus solides; on ne se contente pas de subsister, on veut faire des progrès, on est occupé des moyens de s'avancer et d'assurer sa fortune; on cherche la protection des ministres, on se rend utile à leurs intérêts; on ne peut souffrir que quelqu'un prétende ce que nous prétendons. Cette émulation est traversée de mille soins et de mille peines, qui s'effacent par le plaisir de se voir établi : toutes les passions sont alors satisfaites, et on ne prévoit pas qu'on puisse cesser d'être heureux.

Cette félicité néanmoins est rarement de longue durée, et elle ne peut conserver longtemps la grâce de la nouveauté. Pour avoir ce que nous avons souhaité, nous ne laissons pas de souhaiter encore. Nous nous accoutumons à tout ce qui est à nous; les mêmes biens ne conservent pas leur même prix, et ils ne touchent pas toujours également notre goût; nous changeons imperceptiblement, sans remarquer notre changement; ce que nous avons obtenu devient une partie de nous-mêmes : nous serions cruellement touchés de le perdre, mais nous ne sommes plus sensibles au plaisir de le conserver; la joie n'est plus vive, on en cherche ailleurs que dans ce qu'on a tant désiré. Cette inconstance involontaire est un effet du temps, qui prend malgré nous sur l'amour comme sur notre vie; il en efface insensiblement chaque jour un certain air de jeunesse et de gaieté, et en détruit les plus véritables charmes; on prend des manières plus sérieuses, on joint des affaires à la passion; l'amour ne subsiste plus par lui-même, et il emprunte des secours étrangers. Cet état de l'amour représente le penchant de l'âge, où on commence à voir par où on doit finir; mais on n'a pas la force de finir volontairement, et dans le déclin de l'amour comme dans le déclin de la vie personne ne se peut résoudre de prévenir les dégoûts qui restent à éprouver; on vit encore pour les maux, mais on ne vit plus pour les plaisirs [11]. La jalousie, la méfiance, la crainte de lasser, la crainte d'être quitté, sont des peines attachées à la vieillesse de l'amour, comme les maladies sont attachées à la trop longue durée de la vie : on ne sent plus qu'on est vivant que parce qu'on sent qu'on est malade, et on ne sent aussi qu'on est amoureux que par sentir toutes les peines de l'amour. On ne sort de l'assoupissement des trop longs attachements que par le dépit et le chagrin de se voir toujours attaché; enfin, de toutes les décrépitudes, celle de l'amour est la plus insupportable.

X. DES GOÛTS

Il y a des personnes qui ont plus d'esprit que de goût, et d'autres qui ont plus de goût que d'esprit [12]; il y a plus de variété et de caprice dans le goût que dans l'esprit.

Ce terme de *goût* a diverses significations, et il est aisé de s'y méprendre. Il y a différence entre le goût qui nous porte vers les choses, et le goût qui nous en fait connaître et discerner les qualités, en s'attachant aux règles : on peut aimer la comédie sans avoir le goût assez fin et assez délicat pour en bien juger, et on peut avoir le goût assez bon pour bien juger de la comédie sans l'aimer. Il y a des goûts qui nous approchent imperceptiblement de ce qui se montre à nous ; d'autres nous entraînent par leur force ou par leur durée.

Il y a des gens qui ont le goût faux en tout ; d'autres ne l'ont faux qu'en de certaines choses, et ils l'ont droit et juste dans ce qui est de leur portée. D'autres ont des goûts particuliers, qu'ils connaissent mauvais, et ne laissent pas de les suivre. Il y en a qui ont le goût incertain ; le hasard en décide ; ils changent par légèreté, et sont touchés de plaisir ou d'ennui sur la parole de leurs amis. D'autres sont toujours prévenus ; ils sont esclaves de tous leurs goûts, et les respectent en toutes choses. Il y en a qui sont sensibles à ce qui est bon, et choqués de ce qui ne l'est pas ; leurs vues sont nettes et justes, et ils trouvent la raison de leur goût dans leur esprit et dans leur discernement.

Il y en a qui, par une sorte d'instinct dont ils ignorent la cause, décident de ce qui se présente à eux, et prennent toujours le bon parti. Ceux-ci font paraître plus de goût que d'esprit, parce que leur amour-propre et leur humeur ne prévalent point sur leurs lumières naturelles ; tout agit de concert en eux, tout y est sur un même ton. Cet accord les fait juger sainement des objets, et leur en forme une idée véritable ; mais, à parler généralement, il y a peu de gens qui aient le goût fixe et indépendant de celui des autres ; ils suivent l'exemple et la coutume, et ils en empruntent presque tout ce qu'ils ont de goût.

Dans toutes ces différences de goûts que l'on vient de marquer, il est très rare, et presque impossible, de rencontrer cette sorte de bon goût qui sait donner le prix à chaque chose, qui en connaît toute la valeur, et qui se porte généralement sur tout : nos connaissances sont trop bornées, et cette juste disposition des qualités qui font bien juger ne se maintient d'ordinaire que sur ce qui ne nous regarde pas directement. Quand il s'agit de nous, notre goût n'a plus cette justesse si nécessaire, la préoccupation la trouble, tout ce qui a du rapport à nous nous paraît sous une autre figure. Personne ne voit des mêmes yeux ce qui le touche et ce qui ne le touche pas ; notre goût est conduit alors par la pente de l'amour-propre et de l'humeur, qui nous fournissent des vues nouvelles, et nous assujettissent à un nombre infini de changements et d'incertitudes ; notre goût n'est plus à nous, nous n'en disposons plus, il change sans notre consentement, et les mêmes objets nous paraissent par tant de côtés différents que nous méconnaissons enfin ce que nous avons vu et ce que nous avons senti.

XI. DU RAPPORT DES HOMMES
AVEC LES ANIMAUX

Il y a autant de diverses espèces d'hommes qu'il y a de diverses espèces d'animaux, et les hommes sont, à l'égard des autres hommes, ce que les différentes espèces d'animaux sont entre elles et à l'égard les unes des autres [13]. Combien y a-t-il d'hommes qui vivent du sang et de la vie des innocents, les uns comme des tigres, toujours farouches et toujours cruels, d'autres comme des lions, en gardant quelque apparence de générosité, d'autres comme des ours, grossiers et avides, d'autres comme des loups, ravissants et impitoyables, d'autres comme des renards, qui vivent d'industrie, et dont le métier est de tromper !

Combien y a-t-il d'hommes qui ont du rapport aux chiens ! Ils détruisent leur espèce ; ils chassent pour le plaisir de celui qui les nourrit ; les uns suivent toujours leur maître, les autres gardent sa maison. Il y a des lévriers d'attache [14], qui vivent de leur valeur, qui se destinent à la guerre, et qui ont de la noblesse dans leur courage ; il y a des dogues acharnés, qui n'ont de qualités que la fureur ; il y a des chiens, plus ou moins inutiles, qui aboient souvent, et qui mordent quelquefois, et il y a même des chiens de jardinier [15]. Il y a des singes et des guenons qui plaisent par leurs manières, qui ont de l'esprit, et qui font toujours du mal. Il y a des paons qui n'ont que de la beauté, qui déplaisent par leur chant, et qui détruisent les lieux qu'ils habitent.

Il y a des oiseaux qui ne sont recommandables que par leur ramage ou par leurs couleurs. Combien de perroquets, qui parlent sans cesse, et qui n'entendent jamais ce qu'ils disent ; combien de pies et de corneilles, qui ne s'apprivoisent que pour dérober ; combien d'oiseaux de proie, qui ne vivent que de rapine ; combien d'espèces d'animaux paisibles et tranquilles, qui ne servent qu'à nourrir d'autres animaux !

Il y a des chats, toujours au guet, malicieux et

infidèles, et qui font patte de velours; il y a des vipères dont la langue est venimeuse, et dont le reste est utile; il y a des araignées, des mouches, des punaises et des puces, qui sont toujours incommodes et insupportables; il y a des crapauds, qui font horreur, et qui n'ont que du venin; il y a des hiboux, qui craignent la lumière. Combien d'animaux qui vivent sous terre pour se conserver! Combien de chevaux, qu'on emploie à tant d'usages, et qu'on abandonne quand ils ne servent plus; combien de bœufs, qui travaillent toute leur vie pour enrichir celui qui leur impose le joug; de cigales, qui passent leur vie à chanter; de lièvres, qui ont peur de tout; de lapins, qui s'épouvantent et rassurent en un moment[16]; de pourceaux, qui vivent dans la crapule et dans l'ordure; de canards privés, qui trahissent leurs semblables, et les attirent dans les filets, de corbeaux et de vautours, qui ne vivent que de pourriture et de corps morts! Combien d'oiseaux passagers, qui vont si souvent d'un bout du monde à l'autre, et qui s'exposent à tant de périls, pour chercher à vivre! Combien d'hirondelles, qui suivent toujours le beau temps; de hannetons, inconsidérés et sans dessein; de papillons, qui cherchent le feu qui les brûle! Combien d'abeilles, qui respectent leur chef, et qui se maintiennent avec tant de règle et d'industrie! Combien de frelons, vagabonds et fainéants, qui cherchent à s'établir aux dépens des abeilles! Combien de fourmis, dont la prévoyance et l'économie soulagent tous leurs besoins! Combien de crocodiles, qui feignent de se plaindre pour dévorer ceux qui sont touchés de leur plainte! Et combien d'animaux qui sont assujettis parce qu'ils ignorent leur force!

Toutes ces qualités se trouvent dans l'homme, et il exerce, à l'égard des autres hommes, tout ce que les animaux dont on vient de parler exercent entre eux.

XII. DE L'ORIGINE DES MALADIES

Si on examine la nature des maladies, on trouvera qu'elles tirent leur origine des passions et des peines de l'esprit[17]. L'âge d'or, qui en était exempt, était exempt de maladies. L'âge d'argent, qui le suivit, conserva encore sa pureté. L'âge d'airain donna la naissance aux passions et aux peines de l'esprit; elles commencèrent à se former, et elles avaient encore la faiblesse de l'enfance et sa légèreté. Mais elles parurent avec toute leur force et toute leur malignité dans l'âge de fer, et répandirent dans le monde, par la suite de leur corruption, les diverses maladies qui ont affligé les hommes depuis tant de siècles. L'ambition a produit les fièvres aiguës et frénétiques; l'envie a produit la jaunisse et l'insomnie; c'est de la paresse que viennent les léthargies, les paralysies et les langueurs; la colère a fait les étouffements, les ébullitions de sang, et les inflammations de poitrine; la peur a fait les battements de cœur et les syncopes; la vanité a fait les folies; l'avarice, la teigne et la gale; la tristesse a fait le scorbut; la cruauté, la pierre; la calomnie et les faux rapports ont répandu la rougeole, la petite vérole, et le pourpre, et on doit à la jalousie la gangrène, la peste, et la rage. Les disgrâces imprévues ont fait l'apoplexie; les procès ont fait la migraine et le transport au cerveau; les dettes ont fait les fièvres étiques; l'ennui du mariage a produit la fièvre quarte, et la lassitude des amants qui n'osent se quitter a causé les vapeurs. L'amour, lui seul, a fait plus de maux que tout le reste ensemble, et personne ne doit entreprendre de les exprimer; mais comme il fait aussi les plus grands biens de la vie, au lieu de médire

de lui, on doit se taire; on doit le craindre et le
respecter toujours.

XIII. DU FAUX

On est faux en différentes manières. Il y a des
hommes faux qui veulent toujours paraître ce qu'ils
ne sont pas. Il y en a d'autres, de meilleure foi, qui
sont nés faux, qui se trompent eux-mêmes, et qui
ne voient jamais les choses comme elles sont. Il y
en a dont l'esprit est droit, et le goût faux. D'autres
ont l'esprit faux, et ont quelque droiture dans le
goût. Et il y en a qui n'ont rien de faux dans le
goût, ni dans l'esprit. Ceux-ci sont très rares,
puisque, à parler généralement, il n'y a presque
personne qui n'ait de la fausseté dans quelque
endroit de l'esprit ou du goût.

Ce qui fait cette fausseté si universelle, c'est que
nos qualités sont incertaines et confuses, et que nos
vues le sont aussi; on ne voit point les choses
précisément comme elles sont, on les estime plus
ou moins qu'elles ne valent, et on ne les fait point
rapporter à nous en la manière qui leur convient, et
qui convient à notre état et à nos qualités. Ce
mécompte met un nombre infini de faussetés dans
le goût et dans l'esprit : notre amour-propre est
flatté de tout ce qui se présente à nous sous les
apparences du bien; mais comme il y a plusieurs
sortes de biens qui touchent notre vanité ou notre
tempérament, on les suit souvent par coutume, ou
par commodité; on les suit parce que les autres les
suivent, sans considérer qu'un même sentiment ne
doit pas être également embrassé par toute sorte de
personnes, et qu'on s'y doit attacher plus ou moins
fortement selon qu'il convient plus ou moins à ceux
qui le suivent.

On craint encore plus de se montrer faux par le goût que par l'esprit. Les honnêtes gens doivent approuver sans prévention ce qui mérite d'être approuvé, suivre ce qui mérite d'être suivi, et ne se piquer de rien. Mais il y faut une grande proportion et une grande justesse; il faut savoir discerner ce qui est bon en général, et ce qui nous est propre, et suivre alors avec raison la pente naturelle qui nous porte vers les choses qui nous plaisent. Si les hommes ne voulaient exceller que par leurs propres talents et en suivant leurs devoirs, il n'y aurait rien de faux dans leur goût et dans leur conduite; ils se montreraient tels qu'ils sont; ils jugeraient des choses par leurs lumières, et s'y attacheraient par raison; il y aurait de la proportion dans leurs vues et dans leurs sentiments; leur goût serait vrai, il viendrait d'eux et non pas des autres, et ils le suivraient par choix, et non pas par coutume ou par hasard.

Si on est faux en approuvant ce qui ne doit pas être approuvé, on ne l'est pas moins, le plus souvent, par l'envie de se faire valoir par des qualités qui sont bonnes de soi, mais qui ne nous conviennent pas : un magistrat est faux quand il se pique d'être brave, bien qu'il puisse être hardi dans de certaines rencontres; il doit paraître ferme et assuré dans une sédition qu'il a droit d'apaiser, sans craindre d'être faux, et il serait faux et ridicule de se battre en duel. Une femme peut aimer les sciences, mais toutes les sciences ne lui conviennent pas toujours, et l'entêtement de certaines sciences ne lui convient jamais, et est toujours faux.

Il faut que la raison et le bon sens mettent le prix aux choses, et qu'elles déterminent notre goût à leur donner le rang qu'elles méritent et qu'il nous convient de leur donner; mais presque tous les hommes se trompent dans ce prix et dans ce rang, et il y a toujours de la fausseté dans ce mécompte.

Les plus grands rois sont ceux qui s'y méprennent le plus souvent[18] : ils veulent surpasser les autres hommes en valeur, en savoir, en galanterie, et dans mille autres qualités où tout le monde a droit de prétendre; mais ce goût d'y surpasser les autres peut être faux en eux, quand il va trop loin. Leur émulation doit avoir un autre objet : ils doivent imiter Alexandre, qui ne voulut disputer du prix de la course que contre des rois, et se souvenir que ce n'est que des qualités particulières à la royauté qu'ils doivent disputer. Quelque vaillant que puisse être un roi, quelque savant et agréable qu'il puisse être, il trouvera un nombre infini de gens qui auront ces mêmes qualités aussi avantageusement que lui, et le désir de les surpasser paraîtra toujours faux, et souvent même il lui sera impossible d'y réussir; mais s'il s'attache à ses devoirs véritables, s'il est magnanime, s'il est grand capitaine et grand politique, s'il est juste, clément et libéral, s'il soulage ses sujets, s'il aime la gloire et le repos de son État, il ne trouvera que des rois à vaincre dans une si noble carrière; il n'y aura rien que de vrai et de grand dans un si juste dessein, le désir d'y surpasser les autres n'aura rien de faux. Cette émulation est digne d'un roi, et c'est la véritable gloire où il doit prétendre.

XIV. DES MODÈLES DE LA NATURE ET DE LA FORTUNE

Il semble que la fortune, toute changeante et capricieuse qu'elle est, renonce à ses changements et à ses caprices pour agir de concert avec la nature, et que l'une et l'autre concourent de temps en temps à faire des hommes extraordinaires et

singuliers, pour servir de modèles à la postérité. Le
soin de la nature est de fournir les qualités; celui
de la fortune est de les mettre en œuvre[19], et de les
faire voir dans le jour et avec les proportions qui
conviennent à leur dessein; on dirait alors qu'elles
imitent les règles des grands peintres, pour nous
donner des tableaux parfaits de ce qu'elles veulent
représenter. Elles choisissent un sujet, et s'atta-
chent au plan qu'elles se sont proposé; elles
disposent de la naissance, de l'éducation, des
qualités naturelles et acquises, des temps, des
conjonctures, des amis, des ennemis; elles font
remarquer des vertus et des vices, des actions
heureuses et malheureuses; elles joignent même de
petites circonstances aux plus grandes, et les savent
placer avec tant d'art que les actions des hommes et
leurs motifs nous paraissent toujours sous la figure
et avec les couleurs qu'il plaît à la nature et à la
fortune d'y donner.

Quel concours de qualités éclatantes n'ont-elles
pas assemblé dans la personne d'Alexandre, pour le
montrer au monde comme un modèle d'élévation
d'âme et de grandeur de courage! Si on examine sa
naissance illustre, son éducation, sa jeunesse, sa
beauté, sa complexion heureuse, l'étendue et la
capacité de son esprit pour la guerre et pour les
sciences, ses vertus, ses défauts même, le petit
nombre de ses troupes, la puissance formidable de
ses ennemis, la courte durée d'une si belle vie, sa
mort et ses successeurs, ne verra-t-on pas l'industrie et l'application de la fortune et de la nature à
renfermer dans un même sujet ce nombre infini de
diverses circonstances? Ne verra-t-on pas le soin
particulier qu'elles ont pris d'arranger tant d'événements extraordinaires, et de les mettre chacun dans
son jour, pour composer un modèle d'un jeune
conquérant, plus grand encore par ses qualités

personnelles que par l'étendue de ses conquêtes?

Si on considère de quelle sorte la nature et la fortune nous montrent César, ne verra-t-on pas qu'elles ont suivi un autre plan, qu'elles n'ont renfermé dans sa personne tant de valeur, de clémence, de libéralité, tant de qualités militaires, tant de pénétration, tant de facilité d'esprit et de mœurs, tant d'éloquence, tant de grâces du corps, tant de supériorité de génie pour la paix et pour la guerre, ne verra-t-on pas, dis-je, qu'elles ne se sont assujetties si longtemps à arranger et à mettre en œuvre tant de talents extraordinaires, et qu'elles n'ont contraint César de s'en servir contre sa patrie, que pour nous laisser un modèle du plus grand homme du monde, et du plus célèbre usurpateur? Elle le fait naître particulier dans une république maîtresse de l'univers, affermie et soutenue par les plus grands hommes qu'elle eût jamais produits; la fortune choisit parmi eux ce qu'il y avait de plus illustre, de plus puissant et de plus redoutable pour les rendre ses ennemis; elle le réconcilie pour un temps avec les plus considérables pour les faire servir à son élévation; elle les éblouit et les aveugle ensuite, pour lui faire une guerre qui le conduit à la souveraine puissance. Combien d'obstacles ne lui a-t-elle pas fait surmonter! De combien de périls sur terre et sur mer ne l'a-t-elle pas garanti, sans jamais avoir été blessé! Avec quelle persévérance la fortune n'a-t-elle pas soutenu les desseins de César et détruit ceux de Pompée! Par quelle industrie n'a-t-elle pas disposé ce peuple romain, si puissant, si fier et si jaloux de sa liberté à la soumettre à la puissance d'un seul homme! Ne s'est-elle pas même servie des circonstances de la mort de César pour la rendre convenable à sa vie? Tant d'avertissements des devins, tant de prodiges, tant d'avis de sa femme et de ses amis ne peuvent le garantir, et la fortune choisit le propre jour qu'il doit être couronné dans le Sénat pour le faire assassiner par ceux mêmes qu'il a sauvés, et par un homme qui lui doit la naissance.

Cet accord de la nature et de la fortune n'a jamais été plus marqué que dans la personne de Caton, et il semble qu'elles se soient efforcées l'une et l'autre de renfermer dans un seul homme non seulement les vertus de l'ancienne Rome, mais encore de l'opposer directement aux vertus de César, pour montrer qu'avec une pareille étendue d'esprit et de courage, le désir de gloire conduit l'un à être usurpateur et l'autre à servir de modèle d'un parfait citoyen ? Mon dessein n'est pas de faire ici le parallèle de ces deux grands hommes, après tout ce qui en est écrit ; je dirai seulement que, quelque grands et illustres qu'ils nous paraissent, la nature et la fortune n'auraient\pu mettre toutes leurs qualités dans le jour qui convenait pour les faire éclater, si elles n'eussent opposé Caton à César. Il fallait les faire naître en même temps dans une même république, différents par leurs mœurs et par leurs talents, ennemis par les intérêts de la patrie et par des intérêts domestiques, l'un vaste dans ses desseins et sans bornes dans son ambition, l'autre austère, renfermé dans les lois de Rome et idolâtre de la liberté, tous deux célèbres par des vertus qui les montraient par de si différents côtés, et plus célèbres encore, si on l'ose dire, par l'opposition que la fortune et la nature ont pris soin de mettre entre eux. Quel arrangement, quelle suite, quelle économie de circonstances dans la vie de Caton, et dans sa mort ! La destinée même de la république a servi au tableau que la fortune nous a voulu donner de ce grand homme, et elle finit sa vie avec la liberté de son pays.

Si nous laissons les exemples des siècles passés

pour venir aux exemples du siècle présent, on trouvera que la nature et la fortune ont conservé cette même union dont j'ai parlé, pour nous montrer de différents modèles en deux hommes consommés en l'art de commander. Nous verrons Monsieur le Prince [20] et M. de Turenne disputer de la gloire des armes, et mériter par un nombre infini d'actions éclatantes la réputation qu'ils ont acquise. Ils paraîtront avec une valeur et une expérience égales ; infatigables de corps et d'esprit, on les verra agir ensemble, agir séparément, et quelquefois opposés l'un à l'autre ; nous les verrons, heureux et malheureux dans diverses occasions de la guerre, devoir les bons succès à leur conduite et à leur courage, et se montrer même toujours plus grands par leurs disgrâces ; tous deux sauver l'État ; tous deux contribuer à le détruire, et se servir des mêmes talents par des voies différentes, M. de Turenne suivant ses desseins avec plus de règle et moins de vivacité, d'une valeur plus retenue et toujours proportionnée au besoin de la faire paraître, Monsieur le Prince inimitable en la manière de voir et d'exécuter les plus grandes choses, entraîné par la supériorité de son génie qui semble lui soumettre les événements et les faire servir à sa gloire. La faiblesse des armées qu'ils ont commandées dans les dernières campagnes, et la puissance des ennemis qui leur étaient opposés, ont donné de nouveaux sujets à l'un et à l'autre de montrer toute leur vertu et de réparer par leur mérite tout ce qui leur manquait pour soutenir la guerre. La mort même de M. de Turenne [21], si convenable à une si belle vie, accompagnée de tant de circonstances singulières et arrivée dans un moment si important, ne nous paraît-elle pas comme un effet de la crainte et de l'incertitude de la fortune, qui n'a osé décider de la destinée de la

France et de l'Empire? Cette même fortune, qui
retire Monsieur le Prince du commandement des
armées sous le prétexte de sa santé et dans un
temps où il devait achever de si grandes choses, ne
se joint-elle pas à la nature pour nous montrer
présentement ce grand homme dans une vie privée,
exerçant des vertus paisibles soutenu de sa propre
gloire? Et brille-t-il moins dans sa retraite qu'au
milieu de ses victoires?

XV. DES COQUETTES ET DES VIEILLARDS

S'il est malaisé de rendre raison des goûts en
général, il le doit être encore davantage de rendre
raison du goût des femmes coquettes. On peut dire
néanmoins que l'envie de plaire se répand généralement sur tout ce qui peut flatter leur vanité, et
qu'elles ne trouvent rien d'indigne de leurs
conquêtes. Mais le plus incompréhensible de tous
leurs goûts est, à mon sens, celui qu'elles ont pour
les vieillards qui ont été galants. Ce goût paraît trop
bizarre, et il y en a trop d'exemples, pour ne
chercher pas la cause d'un sentiment tout à la fois
si commun et si contraire à l'opinion que l'on a des
femmes. Je laisse aux philosophes à décider si c'est
un soin charitable de la nature, qui veut consoler
les vieillards dans leur misère, et qui leur fournit le
secours des coquettes par la même prévoyance qui
lui fait donner des ailes aux chenilles, dans le déclin
de leur vie, pour les rendre papillons; mais, sans
pénétrer dans les secrets de la physique [22], on peut,
ce me semble, chercher des causes plus sensibles de
ce goût dépravé des coquettes pour les vieilles gens.
Ce qui est plus apparent, c'est qu'elles aiment les
prodiges, et qu'il n'y en a point qui doive plus
toucher leur vanité que de ressusciter un mort.

Elles ont le plaisir de l'attacher à leur char, et d'en parer leur triomphe, sans que leur réputation en soit blessée; au contraire, un vieillard est un ornement à la suite d'une coquette, et il est aussi nécessaire dans son train que les nains l'étaient autrefois dans *Amadis* [23]. Elles n'ont point d'esclaves si commodes et si utiles. Elles paraissent bonnes et solides en conservant un ami sans conséquence. Il publie leurs louanges, il gagne croyance vers les maris et leur répond de la conduite de leurs femmes. S'il a du crédit, elles en retirent mille secours; il entre dans tous les intérêts et dans tous les besoins de la maison. S'il sait les bruits qui courent des véritables galanteries, il n'a garde de les croire; il les étouffe, et assure que le monde est médisant; il juge par sa propre expérience des difficultés qu'il y a de toucher le cœur d'une si bonne femme; plus on lui fait acheter des grâces et des faveurs et plus il est discret et fidèle; son propre intérêt l'engage assez au silence; il craint toujours d'être quitté, et il se trouve trop heureux d'être souffert. Il se persuade aisément qu'il est aimé, puisqu'on le choisit contre tant d'apparences; il croit que c'est un privilège de son vieux mérite, et remercie l'amour de se souvenir de lui dans tous les temps.

Elle, de son côté, ne voudrait pas manquer à ce qu'elle lui a promis; elle lui fait remarquer qu'il a toujours touché son inclination, et qu'elle n'aurait jamais aimé si elle ne l'avait jamais connu; elle le prie surtout de n'être pas jaloux et de se fier en elle; elle lui avoue qu'elle aime un peu le monde et le commerce des honnêtes gens, qu'elle a même intérêt d'en ménager plusieurs à la fois, pour ne laisser pas voir qu'elle le traite différemment des autres; que si elle fait quelques railleries de lui avec ceux dont on s'est avisé de parler, c'est seulement pour avoir le plaisir de le nommer souvent, ou pour mieux cacher ses sentiments; qu'après tout il est le maître de sa conduite, et que, pourvu qu'il en soit content et qu'il l'aime toujours, elle se met aisément en repos du reste. Quel vieillard ne se rassure pas par des raisons si convaincantes, qui l'ont souvent trompé quand il était jeune et aimable? Mais, pour son malheur, il oublie trop aisément qu'il n'est plus ni l'un ni l'autre, et cette faiblesse est, de toutes, la plus ordinaire aux vieilles gens qui ont été aimés. Je ne sais même si cette tromperie ne leur vaut pas mieux encore que de connaître la vérité : on les souffre du moins, on les amuse, ils sont détournés de la vue de leurs propres misères, et le ridicule où ils tombent est souvent un moindre mal pour eux que les ennuis et l'anéantissement d'une vie pénible et languissante.

XVI. DE LA DIFFÉRENCE DES ESPRITS

Bien que toutes les qualités de l'esprit se puissent rencontrer dans un grand esprit, il y en a néanmoins qui lui sont propres et particulières : ses lumières n'ont point de bornes, il agit toujours également et avec la même activité, il discerne les objets éloignés comme s'ils étaient présents, il comprend, il imagine les plus grandes choses, il voit et connaît les plus petites; ses pensées sont relevées, étendues, justes et intelligibles; rien n'échappe à sa pénétration, et elle lui fait toujours découvrir la vérité au travers des obscurités qui la cachent aux autres. Mais toutes ces grandes qualités ne peuvent souvent empêcher que l'esprit ne paraisse petit et faible, quand l'humeur s'en est rendue la maîtresse.

Un bel esprit pense toujours noblement; il

produit avec facilité des choses claires, agréables et naturelles; il les fait voir dans leur plus beau jour, et il les pare de tous les ornements qui leur conviennent; il entre dans le goût des autres, et retranche de ses pensées ce qui est inutile ou ce qui peut déplaire. Un esprit adroit, facile, insinuant, sait éviter et surmonter les difficultés; il se plie aisément à ce qu'il veut; il sait connaître et suivre l'esprit et l'humeur de ceux avec qui il traite; et en ménageant leurs intérêts il avance et établit les siens. Un bon esprit voit toutes choses comme elles doivent être vues; il leur donne le prix qu'elles méritent, il les sait tourner du côté qui lui est le plus avantageux, et il s'attache avec fermeté à ses pensées parce qu'il en connaît toute la force et toute la raison.

Il y a de la différence entre un esprit utile et un esprit d'affaires : on peut entendre les affaires sans s'appliquer à son intérêt particulier; il y a des gens habiles dans tout ce qui ne les regarde pas et très malhabiles dans ce qui les regarde, et il y en a d'autres, au contraire, qui ont une habileté bornée à ce qui les touche et qui savent trouver leur avantage en toutes choses.

On peut avoir tout ensemble un air sérieux dans l'esprit et dire souvent des choses agréables et enjouées; cette sorte d'esprit convient à toutes personnes, et à tous les âges de la vie. Les jeunes gens ont d'ordinaire l'esprit enjoué et moqueur, sans l'avoir sérieux, et c'est ce qui les rend souvent incommodes. Rien n'est plus malaisé à soutenir que le dessein d'être toujours plaisant, et les applaudissements qu'on reçoit quelquefois en divertissant les autres ne valent pas que l'on s'expose à la honte de les ennuyer souvent, quand ils sont de méchante humeur. La moquerie est une des plus agréables et des plus dangereuses qualités de l'esprit : elle plaît toujours, quand elle est délicate; mais on craint toujours aussi ceux qui s'en servent trop souvent. La moquerie peut néanmoins être permise, quand elle n'est mêlée d'aucune malignité et quand on y fait entrer les personnes mêmes dont on parle.

Il est malaisé d'avoir un esprit de raillerie sans affecter d'être plaisant, ou sans aimer à se moquer; il faut une grande justesse pour railler longtemps sans tomber dans l'une ou l'autre de ces extrémités. La raillerie est un air de gaieté qui remplit l'imagination, et qui lui fait voir en ridicule les objets qui se présentent; l'humeur y mêle plus ou moins de douceur ou d'âpreté; il y a une manière de railler délicate et flatteuse qui touche seulement les défauts que les personnes dont on parle veulent bien avouer, qui sait déguiser les louanges qu'on leur donne sous des apparences de blâme, et qui découvre ce qu'elles ont d'aimable en feignant de le vouloir cacher.

Un esprit fin et un esprit de finesse sont très différents [24]. Le premier plaît toujours; il est délié, il pense des choses délicates et voit les plus imperceptibles. Un esprit de finesse ne va jamais droit, il cherche des biais et des détours pour faire réussir ses desseins; cette conduite est bientôt découverte, elle se fait toujours craindre et ne mène presque jamais aux grandes choses.

Il y a quelque différence entre un esprit de feu et un esprit brillant. Un esprit de feu va plus loin et avec plus de rapidité; un esprit brillant a de la vivacité, de l'agrément et de la justesse.

La douceur de l'esprit, c'est un air facile et accommodant, qui plaît toujours quand il n'est point fade.

Un esprit de détail s'applique avec de l'ordre et de la règle à toutes les particularités des sujets qu'on lui présente. Cette application le renferme d'ordinaire à de petites choses; elle n'est pas néanmoins toujours incompatible avec de grandes vues, et quand ces deux qualités se trouvent ensemble dans un même esprit, elles l'élèvent infiniment au-dessus des autres [25].

On a abusé du terme de bel esprit, et bien que tout ce qu'on vient de dire des différentes qualités de l'esprit puisse convenir à un bel esprit, néanmoins, comme ce titre a été donné à un nombre infini de mauvais poètes et d'auteurs ennuyeux, on s'en sert plus souvent pour tourner les gens en ridicule que pour les louer.

Bien qu'il y ait plusieurs épithètes pour l'esprit qui paraissent une même chose, le ton et la manière de les prononcer y mettent de la différence; mais comme les tons et les manières ne se peuvent écrire, je n'entrerai point dans un détail qu'il serait impossible de bien expliquer. L'usage ordinaire le fait assez entendre, et en disant qu'un homme a de l'esprit, qu'il a bien de l'esprit, qu'il a beaucoup d'esprit, et qu'il a bon esprit, il n'y a que les tons et les manières qui puissent mettre de la différence entre ces expressions qui paraissent semblables sur le papier, et qui expriment néanmoins de très différentes sortes d'esprit.

On dit encore qu'un homme n'a que d'une sorte d'esprit, qu'il a de plusieurs sortes d'esprit, et qu'il a de toutes sortes d'esprit. On peut être sot avec beaucoup d'esprit [26], et on peut n'être pas sot avec peu d'esprit.

Avoir beaucoup d'esprit est un terme équivoque : il peut comprendre toutes les sortes d'esprit dont on vient de parler, mais il peut aussi n'en marquer aucune distinctement. On peut quelquefois faire paraître de l'esprit dans ce qu'on dit sans en avoir dans sa conduite, on peut avoir de l'esprit

et l'avoir borné; un esprit peut être propre à de
certaines choses et ne l'être pas à d'autres; on peut
avoir beaucoup d'esprit et n'être propre à rien, et
avec beaucoup d'esprit on est souvent fort incommode [27]. Il semble néanmoins que le plus grand
mérite de cette sorte d'esprit est de plaire quelquefois dans la conversation.

Bien que les productions d'esprit soient infinies,
on peut, ce me semble, les distinguer de cette
sorte : il y a des choses si belles que tout le monde
est capable d'en voir et d'en sentir la beauté, il y en
a qui ont de la beauté et qui ennuient, il y en a qui
sont belles, que tout le monde sent et admire bien
que tous n'en sachent pas la raison, il y en a qui
sont si fines et si délicates que peu de gens sont
capables d'en remarquer toutes les beautés, il y en a
d'autres qui ne sont pas parfaites, mais qui sont
dites avec tant d'art et qui sont soutenues et
conduites avec tant de raison et tant de grâce
qu'elles méritent d'être admirées.

XVII. DE L'INCONSTANCE

Je ne prétends pas justifier ici l'inconstance en
général, et moins encore celle qui vient de la seule
légèreté; mais il n'est pas juste aussi de lui imputer
tous les autres changements de l'amour. Il y a une
première fleur d'agrément et de vivacité dans
l'amour qui passe insensiblement, comme celle des
fruits; ce n'est la faute de personne, c'est seulement
la faute du temps. Dans les commencements, la
figure est aimable, les sentiments ont du rapport,
on cherche de la douceur et du plaisir, on veut
plaire parce qu'on nous plaît, et on cherche à faire
voir qu'on sait donner un prix infini à ce qu'on
aime; mais dans la suite on ne sent plus ce qu'on

croyait sentir toujours, le feu n'y est plus, le mérite
de la nouveauté s'efface, la beauté, qui a tant de part
à l'amour, ou diminue ou ne fait plus la même
impression; le nom d'amour se conserve, mais on
ne se retrouve plus les mêmes personnes, ni les
mêmes sentiments; on suit encore ses engagements
par honneur, par accoutumance et pour n'être pas
assez assuré de son propre changement.

Quelles personnes auraient commencé de s'aimer, si elles s'étaient vues d'abord comme on se
voit dans la suite des années? Mais quelles personnes aussi se pourraient séparer, si elles se
revoyaient comme on s'est vu la première fois?
L'orgueil, qui est presque toujours le maître de nos
goûts, et qui ne se rassasie jamais, serait flatté sans
cesse par quelque nouveau plaisir; la constance
perdrait son mérite : elle n'aurait plus de part à une
si agréable liaison, les faveurs présentes auraient la
même grâce que les premières faveurs et le
souvenir n'y mettrait point de différence; l'inconstance serait même inconnue, et on s'aimerait
toujours avec le même plaisir parce qu'on aurait
toujours les mêmes sujets de s'aimer. Les changements qui arrivent dans l'amitié ont à peu près des
causes pareilles à ceux qui arrivent dans l'amour :
leurs règles ont beaucoup de rapport. Si l'un a plus
d'enjouement et de plaisir, l'autre doit être plus
égale et plus sévère, elle ne pardonne rien; mais le
temps, qui change l'humeur et les intérêts, les
détruit presque également tous deux. Les hommes
sont trop faibles et trop changeants pour soutenir
longtemps le poids de l'amitié. L'antiquité en a
fourni des exemples; mais dans le temps où nous
vivons, on peut dire qu'il est encore moins impossible de trouver un véritable amour qu'une véritable amitié [28].

XVIII. DE LA RETRAITE

Je m'engagerais à un trop long discours si je rapportais ici en particulier toutes les raisons naturelles qui portent les vieilles gens à se retirer du commerce du monde : le changement de leur humeur, de leur figure et l'affaiblissement des organes les conduisent insensiblement, comme la plupart des autres animaux, à s'éloigner de la fréquentation de leurs semblables. L'orgueil, qui est inséparable de l'amour-propre, leur tient alors lieu de raison : il ne peut plus être flatté de plusieurs choses qui flattent les autres, l'expérience leur a fait connaître le prix de ce que tous les hommes désirent dans la jeunesse et l'impossibilité d'en jouir plus longtemps ; les diverses voies qui paraissent ouvertes aux jeunes gens pour parvenir aux grandeurs, aux plaisirs, à la réputation et à tout ce qui élève les hommes leur sont fermées, ou par la fortune, ou par leur conduite, ou par l'envie et l'injustice des autres ; le chemin pour y rentrer est trop long et trop pénible quand on s'est une fois égaré ; les difficultés leur en paraissent insurmontables, et l'âge ne leur permet plus d'y prétendre. Ils deviennent insensibles à l'amitié, non seulement parce qu'ils n'en ont peut-être jamais trouvé de véritable, mais parce qu'ils ont vu mourir un grand nombre de leurs amis qui n'avaient pas encore eu le temps ni les occasions de manquer à l'amitié et ils se persuadent aisément qu'ils auraient été plus fidèles que ceux qui leur restent. Ils n'ont plus de part aux premiers biens qui ont d'abord rempli leur imagination ; ils n'ont même presque plus de part à la gloire : celle qu'ils ont acquise est déjà flétrie par le temps, et souvent les hommes en perdent plus en vieillissant qu'ils n'en acquièrent. Chaque jour leur ôte une portion d'eux-mêmes; ils n'ont plus assez de vie pour jouir de ce qu'ils ont, et bien moins encore pour arriver à ce qu'ils désirent; ils ne voient plus devant eux que des chagrins, des maladies et de l'abaissement; tout est vu, et rien ne peut avoir pour eux la grâce de la nouveauté; le temps les éloigne imperceptiblement du point de vue d'où il leur convient de voir les objets, et d'où ils doivent être vus. Les plus heureux sont encore soufferts, les autres sont méprisés; le seul bon parti qu'il leur reste, c'est de cacher au monde ce qu'ils ne lui ont peut-être que trop montré. Leur goût, détrompé des désirs inutiles, se tourne alors vers des objets muets et insensibles; les bâtiments, l'agriculture, l'économie, l'étude, toutes ces choses sont soumises à leurs volontés; ils s'en approchent ou s'en éloignent comme il leur plaît; ils sont maîtres de leurs desseins et de leurs occupations; tout ce qu'ils désirent est en leur pouvoir et, s'étant affranchis de la dépendance du monde, ils font tout dépendre d'eux. Les plus sages savent employer à leur salut le temps qu'il leur reste et, n'ayant qu'une si petite part à cette vie, ils se rendent dignes d'une meilleure. Les autres n'ont au moins qu'eux-mêmes pour témoins de leur misère; leurs propres infirmités les amusent; le moindre relâche leur tient lieu de bonheur; la nature, défaillante et plus sage qu'eux, leur ôte souvent la peine de désirer; enfin ils oublient le monde, qui est si disposé à les oublier; leur vanité même est consolée par leur retraite, et avec beaucoup d'ennuis, d'incertitudes et de faiblesses, tantôt par piété, tantôt par raison, et le plus souvent par accoutumance, ils soutiennent le poids d'une vie insipide et languissante

XIX. DES ÉVÉNEMENTS DE CE SIÈCLE

L'histoire, qui nous apprend ce qui arrive dans le monde, nous montre également les grands événements et les médiocres ; cette confusion d'objets nous empêche souvent de discerner avec assez d'attention les choses extraordinaires qui sont renfermées dans le cours de chaque siècle. Celui où nous vivons en a produit, à mon sens, de plus singuliers que les précédents. J'ai voulu en écrire quelques-uns, pour les rendre plus remarquables aux personnes qui voudront y faire réflexion.

Marie de Médicis, reine de France, femme de Henri le Grand, fut mère du roi Louis XIII, de Gaston, fils de France, de la reine d'Espagne, de la duchesse de Savoie, et de la reine d'Angleterre ; elle fut régente en France, et gouverna le roi son fils, et son royaume, plusieurs années. Elle éleva Armand de Richelieu à la dignité de cardinal ; elle le fit premier ministre, maître de l'État et de l'esprit du Roi. Elle avait peu de vertus et peu de défauts qui la dussent faire craindre, et néanmoins, après tant d'éclat et de grandeurs, cette princesse, veuve de Henri IV et mère de tant de rois, a été arrêtée prisonnière par le Roi son fils, et par la haine du cardinal de Richelieu qui lui devait sa fortune. Elle a été délaissée des autres rois ses enfants, qui n'ont osé même la recevoir dans leurs États, et elle est morte de misère, et presque de faim, à Cologne, après une persécution de dix années.

Ange de Joyeuse [29], duc et pair, maréchal de France et amiral, jeune, riche, galant et heureux, abandonna tant d'avantages pour se faire capucin. Après quelques années les besoins de l'État le rappelèrent au monde ; le Pape le dispensa de ses vœux, et lui ordonna d'accepter le commandement des armées du Roi contre les huguenots ; il demeura quatre ans dans cet emploi, et se laissa entraîner pendant ce temps aux mêmes passions qui l'avaient agité pendant sa jeunesse. La guerre étant finie, il renonça une seconde fois au monde, et reprit l'habit de capucin. Il vécut longtemps dans une vie sainte et religieuse ; mais la vanité, dont il avait triomphé dans le milieu des grandeurs, triompha de lui dans le cloître ; il fut élu gardien du couvent de Paris, et son élection étant contestée par quelques religieux, il s'exposa non seulement à aller à Rome dans un âge avancé, à pied et malgré les autres incommodités d'un si pénible voyage, mais la même opposition des religieux s'étant renouvelée à son retour, il partit une seconde fois pour retourner à Rome soutenir un intérêt si peu digne de lui, et il mourut en chemin de fatigue, de chagrin, et de vieillesse.

Trois hommes de qualité, Portugais, suivis de dix-sept de leurs amis, entreprirent la révolte de Portugal et des Indes [30] qui en dépendent, sans concert avec les peuples ni avec les étrangers, et sans intelligence dans les places. Ce petit nombre de conjurés se rendit maître du palais de Lisbonne, en chassa la douairière de Mantoue, régente pour le roi d'Espagne, et fit soulever tout le royaume ; il ne périt dans ce désordre que Vasconcellos, ministre d'Espagne, et deux de ses domestiques [31]. Un si grand changement se fit en faveur du duc de Bragance, et sans sa participation : il fut déclaré roi contre sa propre volonté, et se trouva le seul homme de Portugal qui résistât à son élection ; il a possédé ensuite cette couronne pendant quatorze années [32], n'ayant ni élévation, ni mérite ; il est mort dans son lit, et a laissé son royaume paisible à ses enfants.

Le cardinal de Richelieu a été maître absolu du

royaume de France pendant le règne d'un roi qui
lui laissait le gouvernement de son État, lorsqu'il
n'osait lui confier sa propre personne; le Cardinal
avait aussi les mêmes défiances du Roi, et il évitait
d'aller chez lui, craignant d'exposer sa vie ou sa
liberté; le Roi néanmoins sacrifie Cinq-Mars, son
favori, à la vengeance du Cardinal, et consent qu'il
périsse sur un échafaud. Ensuite le Cardinal meurt
dans son lit; il dispose par son testament des
charges et des dignités de l'État, et oblige le Roi,
dans le plus fort de ses soupçons et de sa haine, à
suivre aussi aveuglément ses volontés après sa mort
qu'il avait fait pendant sa vie.

On doit sans doute trouver extraordinaire que
Anne-Marie-Louise d'Orléans, petite-fille de
France [33], la plus riche sujette de l'Europe, destinée pour les plus grands rois, avare, rude et
orgueilleuse, ait pu former le dessein, à quarante-
cinq ans, d'épouser Puyguilhem, cadet de la maison
de Lauzun, assez mal fait de sa personne, d'un
esprit médiocre, et qui n'a, pour toute bonne
qualité, que d'être hardi et insinuant. Mais on doit
être encore plus surpris que Mademoiselle ait pris
cette chimérique résolution par un esprit de servitude et parce que Puyguilhem était bien auprès du
Roi; l'envie d'être femme d'un favori lui tint lieu
de passion, elle oublia son âge et sa naissance, et,
sans avoir d'amour, elle fit des avances à Puyguilhem qu'un amour véritable ferait à peine excuser
dans une jeune personne et d'une moindre condition. Elle lui dit un jour qu'il n'y avait qu'un seul
homme qu'elle pût choisir pour épouser. Il la
pressa de lui apprendre son choix; mais n'ayant pas
la force de prononcer son nom, elle voulut l'écrire
avec un diamant sur les vitres d'une fenêtre.
Puyguilhem jugea sans doute ce qu'elle allait faire,
et espérant peut-être qu'elle lui donnerait cette

déclaration par écrit, dont il pourrait faire quelque usage, il feignit une délicatesse de passion qui pût plaire à Mademoiselle, et il lui fit un scrupule d'écrire sur du verre un sentiment qui devait durer éternellement. Son dessein réussit comme il désirait, et Mademoiselle écrivit le soir dans du papier : « C'est vous. » Elle le cacheta elle-même; mais, comme cette aventure se passait un jeudi et que minuit sonna avant que Mademoiselle pût donner son billet à Puyguilhem, elle ne voulut pas paraître moins scrupuleuse que lui, et craignant que le vendredi ne fût un jour malheureux, elle lui fit promettre d'attendre au samedi à ouvrir le billet qui lui devait apprendre cette grande nouvelle. L'excessive fortune que cette déclaration faisait envisager à Puyguilhem ne lui parut point au-dessus de son ambition. Il songea à profiter du caprice de Mademoiselle, et il eut la hardiesse d'en rendre compte au Roi. Personne n'ignore qu'avec si grandes et éclatantes qualités nul prince au monde n'a jamais eu plus de hauteur, ni plus de fierté. Cependant, au lieu de perdre Puyguilhem d'avoir osé lui découvrir ses espérances, il lui permit non seulement de les conserver, mais il consentit que quatre officiers de la Couronne lui vinssent demander son approbation pour un mariage si surprenant, et sans que Monsieur ni Monsieur le Prince [34] en eussent entendu parler. Cette nouvelle se répandit dans le monde, et le remplit d'étonnement et d'indignation. Le Roi ne sentit pas alors ce qu'il venait de faire contre sa gloire et contre sa dignité. Il trouva seulement qu'il était de sa grandeur d'élever en un jour Puyguilhem au-dessus des plus grands du royaume et, malgré tant de disproportion, il le jugea digne d'être son cousin germain, le premier pair de France et maître de cinq cent mille livres de rente; mais ce qui le flatta le plus encore, dans un si extraordinaire dessein, ce fut le plaisir secret de surprendre le monde, et de faire pour un homme qu'il aimait ce que personne n'avait encore imaginé. Il fut au pouvoir de Puyguilhem de profiter durant trois jours de tant de prodiges que la fortune avait faits en sa faveur, et d'épouser Mademoiselle; mais, par un prodige plus grand encore, sa vanité ne put être satisfaite s'il ne l'épousait avec les mêmes cérémonies que s'il eût été de sa qualité : il voulut que le Roi et la Reine fussent témoins de ses noces, et qu'elles eussent tout l'éclat que leur présence y pouvait donner. Cette présomption sans exemple lui fit employer à de vains préparatifs, et à passer son contrat, tout le temps qui pouvait assurer son bonheur. Mme de Montespan, qui le haïssait, avait suivi néanmoins le penchant du Roi et ne s'était point opposée à ce mariage. Mais le bruit du monde la réveilla; elle fit voir au Roi ce que lui seul ne voyait pas encore; elle lui fit écouter la voix publique; il connut l'étonnement des ambassadeurs, il reçut les plaintes et les remontrances respectueuses de Madame douairière [35] et de toute la maison royale. Tant de raisons firent longtemps balancer le Roi, et ce fut avec un[e] extrême peine qu'il déclara à Puyguilhem qu'il ne pouvait consentir ouvertement à son mariage. Il l'assura néanmoins que ce changement en apparence ne changerait rien en effet; qu'il était forcé, malgré lui, de céder à l'opinion générale, et de lui défendre d'épouser Mademoiselle, mais qu'il ne prétendait pas que cette défense empêchât son bonheur. Il le pressa de se marier en secret, et il lui promit que la disgrâce qui devait suivre une telle faute ne durerait que huit jours. Quelque sentiment que ce discours pût donner à Puyguilhem, il dit au Roi qu'il renonçait avec joie à tout ce qui lui avait permis d'espérer, puisque sa gloire en pouvait être blessée, et qu'il n'y avait point de fortune qui le pût consoler d'être huit jours séparé de lui. Le Roi fut véritablement touché de cette soumission; il n'oublia rien pour obliger Puyguilhem à profiter de la faiblesse de Mademoiselle, et Puyguilhem n'oublia rien aussi, de son côté, pour faire voir au Roi qu'il lui sacrifiait toutes choses. Le désintéressement seul ne fit pas prendre néanmoins cette conduite à Puyguilhem : il crut qu'elle l'assurait pour toujours de l'esprit du Roi, et que rien ne pourrait à l'avenir diminuer sa faveur. Son caprice et sa vanité le portèrent même si loin que ce mariage si grand et si disproportionné lui parut insupportable parce qu'il ne lui était plus permis de le faire avec tout le faste et tout l'éclat qu'il s'était proposé. Mais ce qui le détermina le plus puissamment à le rompre, ce fut l'aversion insurmontable qu'il avait pour la personne de Mademoiselle, et le dégoût d'être son mari. Il espéra même de tirer des avantages solides de l'emportement de Mademoiselle, et que, sans l'épouser, elle lui donnerait la souveraineté de Dombes et le duché de Montpensier. Ce fut dans cette vue qu'il refusa d'abord toutes les grâces dont le Roi voulut le combler; mais l'humeur avare et inégale de Mademoiselle, et les difficultés qui se rencontrèrent à assurer de si grands biens à Puyguilhem, rendirent ce dessein inutile, et l'obligèrent à recevoir les bienfaits du Roi. Il lui donna le gouvernement de Berry et cinq cent mille livres. Des avantages si considérables ne répondirent pas toutefois aux espérances que Puyguilhem avait formées. Son chagrin fournit bientôt à ses ennemis, et particulièrement à Mme de Montespan, tous les prétextes qu'ils souhaitaient pour le ruiner. Il connut son état et sa décadence et, au lieu de se ménager auprès du Roi avec de la douceur, de la patience et de l'habileté, rien ne fut plus capable de retenir son esprit âpre et fier. Il fit enfin des reproches au Roi ; il lui dit même des choses rudes et piquantes, jusqu'à casser son épée en sa présence en disant qu'il ne la tirerait plus pour son service ; il lui parla avec mépris de Mme de Montespan, et s'emporta contre elle avec tant de violence qu'elle douta de sa sûreté et n'en trouva plus qu'à le perdre. Il fut arrêté bientôt après, et on le mena à Pignerol, où il éprouva par une longue et dure prison la douleur d'avoir perdu les bonnes grâces du Roi, et d'avoir laissé échapper par une fausse vanité tant de grandeurs et tant d'avantages que la condescendance de son maître et la bassesse de Mademoiselle lui avaient présentés.

Alphonse, roi de Portugal [36], fils du duc de Bragance dont je viens de parler, s'est marié en France à la fille du duc de Nemours, jeune, sans biens et sans protection. Peu de temps après, cette princesse a formé le dessein de quitter le Roi son mari ; elle l'a fait arrêter dans Lisbonne, et les mêmes troupes, qui un jour auparavant le gardaient comme leur roi, l'ont gardé le lendemain comme prisonnier ; il a été confiné dans une île de ses propres États, et on lui a laissé la vie et le titre de roi. Le prince de Portugal, son frère, a épousé la Reine ; elle conserve sa dignité, et elle a revêtu le prince son mari de toute l'autorité du gouvernement, sans lui donner le nom de roi ; elle jouit tranquillement du succès d'une entreprise si extraordinaire, en paix avec les Espagnols, et sans guerre civile dans le royaume.

Un vendeur d'herbes, nommé Masaniel [37], fit soulever le menu peuple de Naples, et malgré la puissance des Espagnols il usurpa l'autorité royale ; il disposa souverainement de la vie, de la liberté et des biens de tout ce qui lui fut suspect ; il se rendit maître des douanes ; il dépouilla les partisans de tout leur argent et de leurs meubles, et fit brûler publiquement toutes ces richesses immenses dans le milieu de la ville, sans qu'un seul de cette foule confuse de révoltés voulût profiter d'un bien qu'on croyait mal acquis. Ce prodige ne dura que quinze jours, et finit par un autre prodige : ce même Masaniel, qui achevait de si grandes choses avec tant de bonheur, de gloire, et de conduite, perdit subitement l'esprit, et mourut frénétique en vingt-quatre heures.

La reine de Suède [38], en paix dans ses États et avec ses voisins, aimée de ses sujets, respectée des étrangers, jeune et sans dévotion, a quitté volontairement son royaume, et s'est réduite à une vie privée. Le roi de Pologne [39], de la même maison que la reine de Suède, s'est démis aussi de la royauté, par la seule lassitude d'être roi.

Un lieutenant d'infanterie sans nom et sans crédit [40] a commencé, à l'âge de quarante-cinq ans, de se faire connaître dans les désordres d'Angleterre. Il a dépossédé son roi légitime, bon, juste, doux, vaillant et libéral; il lui a fait trancher la tête, par un arrêt de son Parlement; il a changé la royauté en république; il a été dix ans maître de l'Angleterre, plus craint de ses voisins et plus absolu dans son pays que tous les rois qui y ont régné. Il est mort paisible, et en pleine possession de toute la puissance du royaume.

Les Hollandais ont secoué le joug de la domination d'Espagne; ils ont formé une puissante république, et ils ont soutenu cent ans la guerre contre leurs rois légitimes pour conserver leur liberté. Ils doivent tant de grandes choses à la conduite et à la valeur des princes d'Orange, dont ils ont néanmoins toujours redouté l'ambition et limité le pouvoir. Présentement cette république, si jalouse de sa puissance, accorde au prince d'Orange d'au-

jourd'hui, malgré son peu d'expérience et ses
malheureux succès dans la guerre, ce qu'elle a
refusé à ses pères : elle ne se contente pas de relever
sa fortune abattue, elle le met en état de se faire
souverain de Hollande, et elle a souffert qu'il ait
fait déchirer par le peuple un homme qui maintenait seul la liberté publique [41].

Cette puissance d'Espagne, si étendue et si
formidable à tous les rois du monde, trouve
aujourd'hui son principal appui dans ses sujets
rebelles, et se soutient par la protection des
Hollandais.

Un empereur [42], jeune, faible, simple, gouverné
par des ministres incapables, et pendant le plus
grand abaissement de la maison d'Autriche, se
trouve en un moment chef de tous les princes
d'Allemagne, qui craignent son autorité et méprisent sa personne, et il est plus absolu que n'a
jamais été Charles Quint.

Le roi d'Angleterre [43], faible, paresseux, et
plongé dans les plaisirs, oubliant les intérêts de son
royaume et ses exemples domestiques, s'est exposé
avec fermeté depuis six ans à la fureur de ses
peuples et à la haine de son Parlement pour
conserver une liaison étroite avec le roi de France ;
au lieu d'arrêter les conquêtes de ce prince dans les
Pays-Bas, il y a même contribué en lui fournissant
des troupes. Cet attachement l'a empêché d'être
maître absolu d'Angleterre et d'en étendre les
frontières en Flandre et en Hollande par des places
et par des ports, qu'il a toujours refusés ; mais dans
le temps qu'il reçoit des sommes considérables du
Roi, et qu'il a le plus de besoin d'en être soutenu
contre ses propres sujets, il renonce, sans prétexte, à
tant d'engagements, et il se déclare contre la
France, précisément quand il lui est utile et
honnête d'y être attaché ; par une mauvaise poli-

tique précipitée, il perd, en un moment, le seul avantage qu'il pouvait retirer d'une mauvaise politique de six années, et ayant pu donner la paix comme médiateur, il est réduit à la demander comme suppliant, quand le Roi l'accorde à l'Espagne, à l'Allemagne et à la Hollande [44].

Les propositions qui avaient été faites au roi d'Angleterre de marier sa nièce, la princesse d'York, au prince d'Orange, ne lui étaient pas agréables; le duc d'York en paraissait aussi éloigné que le Roi son frère, et le prince d'Orange même, rebuté par les difficultés de ce dessein, ne pensait plus à le faire réussir. Le roi d'Angleterre, étroitement lié au roi de France, consentait à ses conquêtes, lorsque les intérêts du grand trésorier d'Angleterre et la crainte d'être attaqué par le Parlement lui ont fait chercher sa sûreté particulière, en disposant le Roi son maître à s'unir avec le prince d'Orange par le mariage de la princesse d'York, et à faire déclarer l'Angleterre contre la France pour la protection des Pays-Bas. Ce changement du roi d'Angleterre a été si prompt et si secret que le duc d'York l'ignorait encore deux jours devant le mariage de sa fille, et personne ne se pouvait persuader que le roi d'Angleterre, qui avait hasardé dix ans sa vie et sa couronne pour demeurer attaché à la France, pût renoncer en un moment à tout ce qu'il en espérait pour suivre le sentiment de son ministre. Le prince d'Orange, de son côté, qui avait tant d'intérêt de se faire un chemin pour être un jour roi d'Angleterre, négligeait ce mariage qui le rendait héritier présomptif du royaume; il bornait ses desseins à affermir son autorité en Hollande, malgré les mauvais succès de ses dernières campagnes, et il s'appliquait à se rendre aussi absolu dans les autres provinces de cet État qu'il le croyait être dans la Zélande; mais il s'aperçut bientôt qu'il devait prendre d'autres mesures, et une aventure ridicule lui fit mieux connaître l'état où il était dans son pays qu'il ne le voyait par ses propres lumières. Un crieur public vendait des meubles à un encan où beaucoup de monde s'assembla; il mit en vente un atlas, et voyant que personne ne l'enchérissait, il dit au peuple que ce livre était néanmoins plus rare qu'on ne pensait, et que les cartes en étaient si exactes que la rivière dont M. le prince d'Orange n'avait eu aucune connaissance lorsqu'il perdit la bataille de Cassel [45] y était fidèlement marquée. Cette raillerie, qui fut reçue avec un applaudissement universel, a été un des plus puissants motifs qui ont obligé le prince d'Orange à rechercher de nouveau l'alliance d'Angleterre, pour contenir la Hollande, et pour joindre tant de puissances contre nous. Il semble néanmoins que ceux qui ont désiré ce mariage, et ceux qui y ont été contraires, n'ont pas connu leurs intérêts : le grand trésorier d'Angleterre a voulu adoucir le Parlement et se garantir d'en être attaqué, en portant le Roi son maître à donner sa nièce au prince d'Orange, et à se déclarer contre la France; le roi d'Angleterre a cru affermir son autorité dans son royaume par l'appui du prince d'Orange, et il a prétendu engager ses peuples à lui fournir de l'argent pour ses plaisirs, sous prétexte de faire la guerre au roi de France et de le contraindre à recevoir la paix; le prince d'Orange a eu dessein de soumettre la Hollande par la protection d'Angleterre; la France a appréhendé qu'un mariage si opposé à ses intérêts n'emportât la balance en joignant l'Angleterre à tous nos ennemis [46]. L'événement a fait voir, en six semaines, la fausseté de tant de raisonnements : ce mariage met une défiance éternelle entre l'Angleterre et la Hollande, et toutes deux le regardent comme un dessein d'opprimer leur liberté; le Parlement d'Angleterre attaque les ministres du Roi, pour attaquer ensuite sa propre personne; les États de Hollande, lassés de la guerre et jaloux de leur liberté, se repentent d'avoir mis leur autorité entre les mains d'un jeune homme ambitieux, et héritier présomptif de la couronne d'Angleterre; le roi de France, qui a d'abord regardé ce mariage comme une nouvelle ligue qui se formait contre lui, a su s'en servir pour diviser ses ennemis, et pour se mettre en état de prendre la Flandre, s'il n'avait préféré la gloire de faire la paix à la gloire de faire de nouvelles conquêtes.

Si le siècle présent n'a pas moins produit d'événements extraordinaires que les siècles passés, on conviendra sans doute qu'il a le malheureux avantage de les surpasser dans l'excès des crimes. La France même, qui les a toujours détestés, qui y est opposée par l'humeur de la nation, par la religion, et qui est soutenue par les exemples du prince qui règne, se trouve néanmoins aujourd'hui le théâtre où l'on voit paraître tout ce que l'histoire et la fable nous ont dit des crimes de l'antiquité. Les vices sont de tous les temps, les hommes sont nés avec de l'intérêt, de la cruauté et de la débauche; mais si des personnes que tout le monde connaît avaient paru dans les premiers siècles, parlerait-on présentement des prostitutions d'Héliogabale, de la foi des Grecs et des poisons et des parricides de Médée [47]?

APPENDICE [48]

1. PORTRAIT DE Mme DE MONTESPAN

Diane [49] de Rochechouart est fille du duc de Mortemart et femme du marquis de Montespan. Sa beauté est surprenante; son esprit et sa conversation ont encore plus de charme que sa beauté. Elle fit dessein de plaire au Roi et de l'ôter à La Vallière dont il était amoureux. Il négligea longtemps cette conquête, et il en fit même des railleries. Deux ou trois années se passèrent sans qu'elle fît d'autres progrès que d'être dame du palais attachée particulièrement à la Reine, et dans une étroite familiarité avec le Roi et La Vallière. Elle ne se rebuta pas néanmoins, et se confiant à sa beauté, à son esprit, et aux offices de Mme de Montausier [50], dame d'honneur de la Reine, elle suivit son projet sans douter de l'événement. Elle ne s'y est pas trompée : ses charmes et le temps détachèrent le Roi de La Vallière, et elle se vit maîtresse déclarée. Le marquis de Montespan sentit son malheur avec toute la violence d'un homme jaloux. Il s'emporta contre sa femme; il reprocha publiquement à Mme de Montausier qu'elle l'avait entraînée dans la honte où elle était plongée. Sa douleur et son désespoir firent tant d'éclat qu'il fut contraint de sortir du royaume pour conserver sa liberté. Mme de Montespan eut alors toute la facilité qu'elle désirait, et son crédit n'eut plus de bornes. Elle eut un logement particulier dans toutes les maisons du Roi; les conseils secrets se tenaient chez elle. La Reine céda à sa faveur comme tout le reste de la cour, et non seulement il ne lui fut plus permis d'ignorer un amour si public, mais elle fut obligée d'en voir toutes les suites sans oser se plaindre, et elle dut à Mme de Montespan les marques d'amitié et de douceur qu'elle recevait du Roi. Mme de Montespan voulut encore que La Vallière fût témoin de son triomphe, qu'elle fût présente et auprès d'elle à tous les divertissements publics et particuliers ; elle la fit entrer dans le secret de la naissance de ses enfants dans les temps où elle cachait son état à ses propres domestiques. Elle se lassa enfin de la présence de La Vallière malgré ses soumissions et ses souffrances, et cette fille simple et crédule fut réduite à prendre l'habit de carmélite, moins par dévotion que par faiblesse, et on peut dire qu'elle ne quitta le monde que pour faire sa cour [51].

2. PORTRAIT DU CARDINAL DE RETZ [52]

Paul de Gondi, cardinal de Retz, a beaucoup d'élévation, d'étendue d'esprit, et plus d'ostentation que de vraie grandeur de courage. Il a une mémoire extraordinaire, plus de force que de politesse dans ses paroles, l'humeur facile, de la docilité et de la faiblesse à souffrir les plaintes et les reproches de ses amis, peu de piété, quelques apparences de religion. Il paraît ambitieux sans l'être ; la vanité, et ceux qui l'ont conduit, lui ont fait entreprendre de grandes choses presque toutes opposées à sa profession ; il a suscité les plus grands désordres de l'État sans avoir un dessein formé de s'en prévaloir, et bien loin de se déclarer ennemi du cardinal Mazarin pour occuper sa place, il n'a pensé qu'à lui paraître redoutable, et à se flatter de la fausse vanité de lui être opposé. Il a su profiter néanmoins avec habileté des malheurs publics pour se faire cardinal; il a souffert la prison avec fermeté, et n'a dû sa liberté qu'à sa hardiesse. La paresse l'a soutenu avec gloire, durant plusieurs années, dans l'obscurité d'une vie errante et cachée. Il a conservé l'archevêché de Paris contre la puissance du cardinal Mazarin; mais après la mort de ce ministre il s'en est démis sans connaître ce qu'il faisait, et sans prendre cette conjoncture pour ménager les intérêts de ses amis et les siens propres. Il est entré dans divers conclaves, et sa conduite a toujours augmenté sa réputation. Sa pente naturelle est l'oisiveté; il travaille néanmoins avec activité dans les affaires qui le pressent, et il se repose avec nonchalance quand elles sont finies. Il a une présence d'esprit, et il sait tellement tourner à son avantage les occasions que la fortune lui offre qu'il semble qu'il les ait prévues et désirées. Il aime à raconter; il veut éblouir indifféremment tous ceux qui l'écoutent par des aventures extraordinaires, et souvent son imagination lui fournit plus que sa mémoire. Il est faux dans la plupart de ses qualités, et ce qui a le plus contribué à sa réputation, c'est de savoir donner un beau jour à ses défauts. Il est insensible à la haine et à l'amitié, quelque soin qu'il ait pris de paraître occupé de l'une ou de l'autre; il est incapable d'envie ni d'avarice, soit par vertu ou par inapplication. Il a plus emprunté de ses amis qu'un particulier ne devait espérer de leur pouvoir rendre; il a senti de la vanité à trouver tant de crédit, et à entreprendre de s'acquitter. Il n'a point de goût ni de délicatesse; il s'amuse à tout et ne se plaît à rien; il évite avec adresse de laisser pénétrer qu'il n'a qu'une légère connaissance de toutes choses. La retraite qu'il vient de faire est la plus éclatante et la plus fausse action de sa vie; c'est un sacrifice qu'il fait à son

orgueil, sous prétexte de dévotion : il quitte la cour,
où il ne peut s'attacher, et il s'éloigne du monde,
qui s'éloigne de lui.

3. REMARQUES SUR LES COMMENCEMENTS DE LA VIE DU CARDINAL DE RICHELIEU

Monsieur de Luçon [53], qui depuis a été cardinal
de Richelieu, s'étant attaché entièrement aux intérêts du maréchal d'Ancre [54], lui conseilla de faire la
guerre; mais après lui avoir donné cette pensée et
que la proposition en fut faite au Conseil, Monsieur
de Luçon témoigna de la désapprouver et s'y
opposa pour ce que M. de Nevers, qui croyait que
la paix fût avantageuse pour ses desseins, lui avait
fait offrir le prieuré de La Charité par le P. Joseph,
pourvu qu'il la fît résoudre au Conseil. Ce changement d'opinion de Monsieur de Luçon surprit le
maréchal d'Ancre, et l'obligea de lui dire avec
quelque aigreur qu'il s'étonnait de le voir passer si
promptement d'un sentiment à un autre tout
contraire; à quoi Monsieur de Luçon répondit ces
propres paroles, que les nouvelles rencontres
demandent de nouveaux conseils. Mais jugeant
bien par là qu'il avait déplu au maréchal, il résolut
de chercher les moyens de le perdre; et un jour que
Déageant l'était allé trouver pour lui faire signer
quelques expéditions, il lui dit qu'il avait une
affaire importante à communiquer à M. de
Luynes, et qu'il souhaitait de l'entretenir. Le lendemain, M. de Luynes et lui se virent, où
Monsieur de Luçon lui dit que le maréchal d'Ancre
était résolu de le perdre, et que le seul moyen de se
garantir d'être opprimé par un si puissant ennemi
était de le prévenir. Ce discours surprit beaucoup

M. de Luynes, qui avait déjà pris cette résolution,
ne sachant si ce conseil, qui lui était donné par une
créature du maréchal, n'était point un piège pour le
surprendre et pour lui faire découvrir ses sentiments. Néanmoins Monsieur de Luçon lui fit
paraître tant de zèle pour le service du Roi et un si
grand attachement à la ruine du maréchal, qu'il
disait être le plus grand ennemi de l'État, que
M. de Luynes, persuadé de sa sincérité, fut sur le
point de lui découvrir son dessein, et de lui
communiquer le projet qu'il avait fait de tuer le
maréchal; mais s'étant retenu alors de lui en parler,
il dit à Déageant la conversation qu'ils avaient eue
ensemble et l'envie qu'il avait de lui faire part de
son secret; ce que Déageant désapprouva entièrement, et lui fit voir que ce serait donner un moyen
infaillible à Monsieur de Luçon de se réconcilier à
ses dépens avec le maréchal, et de se joindre plus
étroitement que jamais avec lui, en lui découvrant
une affaire de cette conséquence : de sorte que la
chose s'exécuta, et le maréchal d'Ancre fut tué sans
que Monsieur de Luçon en eût connaissance. Mais
les conseils qu'il avait donnés à M. de Luynes, et
l'animosité qu'il lui avait témoigné d'avoir contre le
maréchal le conservèrent, et firent que le Roi lui
commanda de continuer d'assister au Conseil, et
d'exercer sa charge de secrétaire d'État comme il
avait accoutumé : si bien qu'il demeura encore
quelque temps à la cour, sans que la chute du
maréchal qui l'avait avancé nuisît à sa fortune.
Mais, comme il n'avait pas pris les mêmes précautions envers les vieux ministres qu'il avait fait
auprès de M. de Luynes, M. de Villeroy et M. le
président Jeannin, qui virent par quel biais il
entrait dans les affaires, firent connaître à M. de
Luynes qu'il ne devait pas attendre plus de fidélité
de lui qu'il en avait témoigné pour le maréchal

d'Ancre, et qu'il était nécessaire de l'éloigner comme une personne dangereuse et qui voulait s'établir par quelques voies que ce pût être : ce qui fit résoudre M. de Luynes à lui commander de se retirer à Avignon[55]. Cependant la Reine mère du Roi alla à Blois, et Monsieur de Luçon, qui ne pouvait souffrir de se voir privé de toutes ses espérances, essaya de renouer avec M. de Luynes et lui fit offrir que, s'il lui permettait de retourner auprès de la Reine, qu'il (*sic*) se servirait du pouvoir qu'il avait sur son esprit pour lui faire chasser tous ceux qui lui étaient désagréables et pour lui faire faire toutes les choses que M. de Luynes lui prescrirait. Cette proposition fut reçue, et Monsieur de Luçon, retournant, produisit l'affaire du Pont-de-Cé[56], en suite de quoi il fut fait cardinal, et commença d'établir les fondements de la grandeur où il est parvenu.

4. [LE COMTE D'HARCOURT[57]]

Le soin que la fortune a pris d'élever et d'abattre le mérite des hommes est connu dans tous les temps, et il y a mille exemples du droit qu'elle s'est donné de mettre le prix à leurs qualités, comme les souverains mettent le prix à la monnaie, pour faire voir que sa marque leur donne le cours qu'il lui plaît. Si elle s'est servie des talents extraordinaires de Monsieur le Prince et de M. de Turenne pour les faire admirer[58], il paraît qu'elle a respecté leur vertu et que, tout injuste qu'elle est, elle n'a pu se dispenser de leur faire justice. Mais on peut dire qu'elle veut montrer toute l'étendue de son pouvoir lorsqu'elle choisit des sujets médiocres pour les égaler aux plus grands hommes. Ceux qui ont connu le comte d'Harcourt conviendront de ce que je dis, et ils le regarderont comme un chef-d'œuvre de la fortune, qui a voulu que la postérité le jugeât digne d'être comparé dans la gloire des armes aux plus célèbres capitaines. Ils lui verront exécuter heureusement les plus difficiles et les plus glorieuses entreprises. Les succès des îles Sainte-Marguerite, de Casal, le combat de la Route, le siège de Turin, les batailles gagnées en Catalogne, une si longue suite de victoires étonneront les siècles à venir. La gloire du comte d'Harcourt sera en balance avec celle de Monsieur le Prince et de M. de Turenne, malgré les distances que la nature a mises entre eux; elle aura un même rang dans l'histoire, et on n'osera refuser à son mérite ce que l'on sait présentement qui n'est dû qu'à sa seule fortune.

Portrait de La Rochefoucauld
par lui-même

naïvement comme jè pense que je suis fait au-
dehors, et l'on trouvera, je crois, que ce que je
pense de moi là-dessus n'est pas fort éloigné de ce
qui en est. J'en userai avec la même fidélité dans ce
qui me reste à faire de mon portrait; car je me suis
assez étudié pour me bien connaître, et je ne
manque ni d'assurance pour dire librement ce que
je puis avoir de bonnes qualités, ni de sincérité
pour avouer franchement ce que j'ai de défauts.
Premièrement, pour parler de mon humeur, je suis
mélancolique, et je le suis à un point que depuis
trois ou quatre ans à peine m'a-t-on vu rire trois ou
quatre fois. J'aurais pourtant, ce me semble, une
mélancolie assez supportable et assez douce, si je
n'en avais point d'autre que celle qui me vient de
mon tempérament; mais il m'en vient tant d'ailleurs, et ce qui m'en vient me remplit de telle sorte
l'imagination, et m'occupe si fort l'esprit, que la
plupart du temps ou je rêve sans dire mot ou je n'ai
presque point d'attache à ce que je dis. Je suis fort
resserré avec ceux que je ne connais pas, et je ne
suis pas même extrêmement ouvert avec la plupart
de ceux que je connais. C'est un défaut, je le sais
bien, et je ne négligerai rien pour m'en corriger;
mais comme un certain air sombre que j'ai dans le
visage contribue à me faire paraître encore plus
réservé que je ne le suis, et qu'il n'est pas en notre
pouvoir de nous défaire d'un méchant air qui nous
vient de la disposition naturelle des traits, je pense
qu'après m'être corrigé au-dedans, il ne laissera pas
de me demeurer toujours de mauvaises marques au-
dehors. J'ai de l'esprit et je ne fais point difficulté
de le dire; car à quoi bon façonner là-dessus? Tant
biaiser et tant apporter d'adoucissement pour dire
les avantages que l'on a, c'est, ce me semble, cacher
un peu de vanité sous une modestie apparente et se
servir d'une manière bien adroite pour faire croire

de soi beaucoup plus de bien que l'on n'en dit.
Pour moi, je suis content qu'on ne me croie ni plus
beau que je me fais, ni de meilleure humeur que je
me dépeins, ni plus spirituel et plus raisonnable
que je dirai que je le suis. J'ai donc de l'esprit,
encore une fois, mais un esprit que la mélancolie
gâte; car, encore que je possède assez bien ma
langue, que j'aie la mémoire heureuse, et que je ne
pense pas les choses fort confusément, j'ai pourtant
une si forte application à mon chagrin que souvent
j'exprime assez mal ce que je veux dire. La
conversation des honnêtes gens est un des plaisirs
qui me touchent le plus. J'aime qu'elle soit sérieuse
et que la morale en fasse la plus grande partie.
Cependant je sais la goûter aussi quand elle est
enjouée, et si je n'y dis pas beaucoup de petites
choses pour rire, ce n'est pas du moins que je ne
connaisse bien ce que valent les bagatelles bien
dites, et que je ne trouve fort divertissante cette
manière de badiner où il y a certains esprits
prompts et aisés qui réussissent si bien. J'écris bien
en prose, je fais bien en vers, et si j'étais sensible à
la gloire qui vient de ce côté-là, je pense qu'avec
peu de travail je pourrais m'acquérir assez de
réputation. J'aime la lecture en général; celle où il
se trouve quelque chose qui peut façonner l'esprit
et fortifier l'âme est celle que j'aime le plus.
Surtout, j'ai une extrême satisfaction à lire avec une
personne d'esprit; car de cette sorte on réfléchit à
tous moments sur ce qu'on lit, et des réflexions que
l'on fait il se forme une conversation la plus
agréable du monde, et la plus utile. Je juge assez
bien des ouvrages de vers et de prose que l'on me
montre; mais j'en dis peut-être mon sentiment
avec un peu trop de liberté. Ce qu'il y a encore de
mal en moi, c'est que j'ai quelquefois une délicatesse trop scrupuleuse, et une critique trop sévère.

Je ne hais pas à entendre disputer, et souvent aussi
je me mêle assez volontiers dans la dispute : mais je
soutiens d'ordinaire mon opinion avec trop de
chaleur et lorsqu'on défend un parti injuste contre
moi, quelquefois, à force de me passionner pour
celui de la raison, je deviens moi-même fort peu
raisonnable. J'ai les sentiments vertueux, les inclinations belles, et une si forte envie d'être tout à fait
honnête homme que mes amis ne me sauraient
faire un plus grand plaisir que de m'avertir
sincèrement de mes défauts. Ceux qui me
connaissent un peu particulièrement et qui ont eu
la bonté de me donner quelquefois des avis là-
dessus savent que je les ai toujours reçus avec toute
la joie imaginable, et toute la soumission d'esprit
que l'on saurait désirer. J'ai toutes les passions
assez douces et assez réglées : on ne m'a presque
jamais vu en colère et je n'ai jamais eu de haine
pour personne. Je ne suis pas pourtant incapable de
me venger, si l'on m'avait offensé, et qu'il y allât de
mon honneur à me ressentir de l'injure qu'on
m'aurait faite. Au contraire je suis assuré que le
devoir ferait si bien en moi l'office de la haine que
je poursuivrais ma vengeance avec encore plus de
vigueur qu'un autre. L'ambition ne me travaille
point. Je ne crains guère de choses, et ne crains
aucunement la mort. Je suis peu sensible à la pitié,
et je voudrais ne l'y être point du tout. Cependant
il n'est rien que je ne fisse pour le soulagement
d'une personne affligée, et je crois effectivement
que l'on doit tout faire, jusques à lui témoigner
même beaucoup de compassion de son mal, car les
misérables sont si sots que cela leur fait le plus
grand bien du monde; mais je tiens aussi qu'il faut
se contenter d'en témoigner, et se garder soigneusement d'en avoir. C'est une passion qui n'est bonne
à rien au-dedans d'une âme bien faite, qui ne sert

qu'à affaiblir le cœur et qu'on doit laisser au peuple qui, n'exécutant jamais rien par raison, a besoin de passions pour le porter à faire les choses. J'aime mes amis, et je les aime d'une façon que je ne balancerais pas un moment à sacrifier mes intérêts aux leurs; j'ai de la condescendance pour eux, je souffre patiemment leurs mauvaises humeurs et j'en excuse facilement toutes choses; seulement je ne leur fais pas beaucoup de caresses, et je n'ai pas non plus de grandes inquiétudes en leur absence. J'ai naturellement fort peu de curiosité pour la plus grande partie de tout ce qui en donne aux autres gens. Je suis fort secret, et j'ai moins de difficulté que personne à taire ce qu'on m'a dit en confidence. Je suis extrêmement régulier à ma parole; je n'y manque jamais, de quelque conséquence que puisse être ce que j'ai promis et je m'en suis fait toute ma vie une loi indispensable. J'ai une civilité fort exacte parmi les femmes, et je ne crois pas avoir jamais rien dit devant elles qui leur ait pu faire de la peine. Quand elles ont l'esprit bien fait, j'aime mieux leur conversation que celle des hommes : on y trouve une certaine douceur qui ne se rencontre point parmi nous, et il me semble outre cela qu'elles s'expliquent avec plus de netteté et qu'elles donnent un tour plus agréable aux choses qu'elles disent. Pour galant, je l'ai été un peu autrefois; présentement je ne le suis plus, quelque jeune que je sois. J'ai renoncé aux fleurettes et je m'étonne seulement de ce qu'il y a encore tant d'honnêtes gens qui s'occupent à en débiter. J'approuve extrêmement les belles passions : elles marquent la grandeur de l'âme, et quoique dans les inquiétudes qu'elles donnent il y ait quelque chose de contraire à la sévère sagesse, elles s'accommodent si bien d'ailleurs avec la plus austère vertu que je crois qu'on ne les saurait

Maximes de Madame de Sablé [1]

1

Comme rien n'est plus faible et moins raisonnable que de soumettre son jugement à celui d'autrui, sans nulle application du sien, rien n'est plus grand et plus sensé que de le soumettre aveuglément à Dieu, en croyant sur sa parole tout ce qu'il dit.

2

Le vrai mérite ne dépend point du temps, ni de la mode. Ceux qui n'ont point d'autre avantage que l'air de la Cour le perdent quand ils s'en éloignent; mais le bon sens, le savoir et la sagesse rendent habile et aimable en tout temps et en tous lieux.

3

Au lieu d'être attentifs à connaître les autres, nous ne pensons qu'à nous faire connaître nous-mêmes. Il vaudrait mieux écouter pour acquérir de nouvelles lumières que de parler trop pour montrer celles que l'on a acquises.

4

Il est quelquefois bien utile de feindre que l'on est trompé. Car lorsque l'on fait voir à un homme artificieux qu'on reconnaît ses artifices, on lui donne sujet de les augmenter [2].

5

On juge si superficiellement des choses que l'agrément des actions et des paroles communes, dites et faites d'un bon air, avec quelque connaissance des choses qui se passent dans le monde, réussissent (*sic*) souvent mieux que la plus grande habileté.

6

Être trop mécontent de soi est une faiblesse. Être trop content de soi est une sottise.

7

Les esprits médiocres, mais mal faits, surtout les demi-savants, sont les plus sujets à l'opiniâtreté. Il n'y a que les âmes fortes qui sachent se dédire et abandonner un mauvais parti.

8

La plus grande sagesse de l'homme consiste à connaître ses folies.

9

L'honnêteté et la sincérité dans les actions égarent les méchants et leur font perdre la voie par laquelle ils pensent arriver à leurs fins, parce que les méchants croient d'ordinaire qu'on ne fait rien sans artifice.

10

C'est une occupation bien pénible aux fourbes d'avoir toujours à couvrir le défaut de leur sincérité et à réparer le manquement de leur parole.

11

Ceux qui usent toujours d'artifice devraient au moins se servir de leur jugement, pour connaître qu'on ne peut guère cacher longtemps une conduite artificieuse parmi des hommes habiles, et toujours appliqués à la découvrir, quoiqu'ils feignent d'être trompés pour dissimuler la connaissance qu'ils en ont.

12

Souvent les bienfaits nous font des ennemis et l'ingrat ne l'est presque jamais à demi. Car il ne se contente pas de n'avoir point la reconnaissance qu'il doit, il voudrait même n'avoir pas son bienfaiteur pour témoin de son ingratitude.

13

Rien ne nous peut tant instruire du dérèglement général de l'homme que la parfaite connaissance de nos dérèglements particuliers. Si nous voulons faire réflexion sur nos sentiments, nous reconnaîtrons dans notre âme le principe de tous les vices que nous reprochons aux autres; si ce n'est par nos actions, ce sera au moins par nos mouvements. Car il n'y a point de malice que l'amour-propre ne présente à l'esprit pour s'en servir aux occasions, et il y a peu de gens assez vertueux pour n'être pas tentés.

14

Les richesses n'apprennent pas à ne se point passionner pour les richesses. La possession de beaucoup de biens ne donne pas le repos qu'il y a de n'en point désirer.

15

Il n'y a que les petits esprits qui ne peuvent souffrir qu'on leur reproche leur ignorance parce que, comme ils sont ordinairement fort aveugles en toutes choses, fort sots, et fort ignorants, ils ne doutent jamais de rien et sont persuadés qu'ils voient clairement ce qu'ils ne voient qu'au travers de l'obscurité de leur esprit.

16

Il n'y a pas plus de raison de trop s'accuser de ses défauts, que de s'en trop excuser. Ceux qui s'accusent par excès le font souvent pour ne pouvoir souffrir qu'on les accuse ou par vanité de faire croire qu'ils savent confesser leurs défauts [3].

17

C'est une force d'esprit d'avouer sincèrement nos

défauts et nos perfections, et c'est une faiblesse de ne pas demeurer d'accord du bien et du mal qui est en nous.

18

On aime tellement toutes les choses nouvelles et les choses extraordinaires qu'on a même quelque plaisir secret par la vue des plus tristes et des plus terribles événements, à cause de leur nouveauté et de la malignité naturelle qui est en nous.

19

On peut bien se connaître soi-même mais on ne s'examine point assez pour cela, et l'on se soucie davantage de paraître tel qu'on doit être que d'être en effet ce qu'on doit.

20

Si l'on avait autant de soin d'être ce qu'on doit être que de tromper les autres en déguisant ce que l'on est, on pourrait se montrer tel qu'on est, sans avoir la peine de se déguiser [4].

21

Il n'y a personne qui ne puisse recevoir de grands secours et de grands avantages des sciences, mais il y a aussi peu de personnes qui ne reçoivent un grand préjudice des lumières et des connaissances qu'ils ont acquises par les sciences, s'ils ne s'en servent comme si elles leur étaient propres et naturelles.

22

Il y a une certaine médiocrité difficile à trouver avec ceux qui sont au-dessus de nous, pour prendre la liberté qui sert à leurs plaisirs et à leurs divertissements, sans blesser l'honneur et le respect qu'on leur doit.

23

On a souvent plus d'envie de passer pour officieux que de réussir dans les offices, et souvent on aime mieux pouvoir dire à ses amis qu'on a bien fait pour eux que de bien faire en effet.

24

Les bons succès dépendent quelquefois du défaut de jugement parce que le jugement empêche souvent d'entreprendre plusieurs choses que l'inconsidération fait réussir.

25

On loue quelquefois les choses passées pour blâmer les présentes, et pour mépriser ce qui est, on estime ce qui n'est plus.

26

Il y a un certain empire dans la manière de parler et dans les actions, qui se fait faire place partout et qui gagne par avance la considération et le respect. Il sert en toutes choses et même pour obtenir ce qu'on demande [5].

27

Cet empire qui sert en toutes choses n'est qu'une autorité bienséante qui vient de la supériorité de l'esprit.

28

L'amour-propre se trompe même par l'amour-propre, en faisant voir dans ses intérêts une si grande indifférence pour ceux d'autrui qu'il perd l'avantage qui se trouve dans le commerce de la rétribution.

29

Tout le monde est si occupé de ses passions et de ses intérêts que l'on en veut toujours parler sans jamais entrer dans la passion et dans l'intérêt de ceux à qui on en parle, encore qu'ils aient le même besoin qu'on les écoute et qu'on les assiste.

30

Les liens de la vertu doivent être plus étroits que ceux du sang, l'homme de bien étant plus proche de l'homme de bien par la ressemblance des mœurs que le fils ne l'est de son père par la ressemblance du visage.

31

Une des choses qui fait que l'on trouve si peu de gens agréables et qui paraissent raisonnables dans la conversation, c'est qu'il n'y en a quasi point qui ne pensent plutôt à ce qu'ils veulent dire qu'à répondre précisément à ce qu'on leur dit. Les plus complaisants se contentent de montrer une mine attentive, au même temps qu'on voit dans leurs yeux et dans leur esprit un égarement et une précipitation de retourner à ce qu'ils veulent dire, au lieu qu'on devrait juger que c'est un mauvais moyen de plaire que de chercher à se satisfaire si fort, et que bien écouter et bien répondre est une plus grande perfection que de parler bien et beaucoup, sans écouter et sans répondre aux choses qu'on nous dit [6].

32

La bonne fortune fait quasi toujours quelque changement dans le procédé, dans l'air et dans la manière de converser et d'agir. C'est une grande faiblesse de vouloir se parer de ce qui n'est point à soi. Si l'on estimait la vertu plus que tout autre chose, aucune faveur ni aucun emploi ne changerait jamais le cœur ni le visage des hommes.

33

Il faut s'accoutumer aux folies d'autrui et ne se point choquer des niaiseries qui se disent en notre présence.

34

La grandeur de l'entendement embrasse tout.

Il y a autant d'esprit à souffrir les défauts des autres qu'à connaître leurs bonnes qualités.

35

Savoir bien découvrir l'intérieur d'autrui et cacher le sien est une grande marque de supériorité d'esprit [7].

36

Le trop parler est un si grand défaut qu'en matière d'affaires et de conversation, si ce qui est bon est court, il est doublement bon, et l'on gagne par la brièveté ce qu'on perd souvent par l'excès des paroles.

37

On se rend quasi toujours maître de ceux que l'on connaît bien, parce que celui qui est parfaitement connu est en quelque façon soumis à celui qui le connaît.

38

L'étude et la recherche de la vérité ne sert souvent qu'à nous faire voir par expérience l'ignorance qui nous est naturelle.

39

On fait plus de cas des hommes quand on ne connaît point jusqu'où peut aller leur suffisance, car l'on présume toujours davantage des choses que l'on ne voit qu'à demi.

40

Souvent le désir de paraître capable empêche de le devenir, parce que l'on a plus d'envie de faire voir ce que l'on sait que l'on n'a de désir d'apprendre ce que l'on ne sait pas [8].

41

La petitesse de l'esprit, l'ignorance et la présomption font l'opiniâtreté, parce que les opiniâtres ne veulent croire que ce qu'ils conçoivent et qu'ils ne conçoivent que fort peu de choses [9].

42

C'est augmenter ses défauts que de les désavouer quand on nous les reproche.

43

Il ne faut pas regarder quel bien nous fait un ami mais seulement le désir qu'il a de nous en faire.

44

Encore que nous ne devions pas aimer nos amis pour le bien qu'ils nous font, c'est une marque qu'ils ne nous aiment guère s'ils ne nous en font point quand ils en ont le pouvoir.

45

Ce n'est ni une grande louange, ni un grand blâme quand on dit qu'un esprit est ou n'est plus à la mode. S'il est une fois tel qu'il doit être, il est toujours comme il doit être.

46

L'amour qu'on a pour soi-même est quasi toujours la règle de toutes nos amitiés. Il nous fait passer par-dessus tous les devoirs dans les rencontres où il y va de quelque intérêt, et même oublier les plus grands sujets de ressentiment contre nos ennemis quand ils deviennent assez puissants pour servir à notre fortune ou à notre gloire [10].

47

C'est une chose bien vaine et bien inutile de faire l'examen de tout ce qui se passe dans le monde si cela ne sert à se redresser soi-même.

48

Les dehors et les circonstances donnent souvent plus d'estime que le fond et la réalité. Une méchante manière gâte tout, même la justice et la raison. Le *comment* fait la meilleure partie des choses, et l'air qu'on leur donne dore, accommode et adoucit les plus fâcheuses. Cela vient de la faiblesse et de la prévention de l'esprit humain [11].

49

Les sottises d'autrui nous doivent être plutôt une instruction qu'un sujet de nous moquer de ceux qui les font.

50

La conversation des gens qui aiment à régenter est bien fâcheuse. Il faut toujours être prêt de se rendre à la vérité et à la recevoir de quelque part qu'elle nous vienne.

51

On s'instruit aussi bien par le défaut des autres que par leur instruction. L'exemple de l'imperfection sert quasi autant à se rendre parfait que celui de l'habileté et de la perfection.

52

On aime beaucoup mieux ceux qui tendent à nous imiter que ceux qui tâchent à nous égaler. Car l'imitation est une marque d'estime et le désir d'être égal aux autres est une marque d'envie.

53

C'est une louable adresse de faire recevoir doucement un refus par des paroles civiles, qui réparent le défaut du bien qu'on ne peut accorder.

54

Il y a beaucoup de gens qui sont tellement nés à

dire *non* que le *non* va toujours au-devant de tout
ce qu'on leur dit. Il les rend si désagréables, encore
bien qu'ils accordent enfin ce qu'on leur demande
ou qu'ils consentent à ce qu'on leur dit, qu'ils
perdent toujours l'agrément qu'ils pourraient recevoir s'ils n'avaient point si mal commencé.

55

On ne doit pas toujours accorder toutes choses,
ni à tous. Il est aussi louable de refuser avec
raison que de donner à propos. C'est en ceci que
le *non* de quelques-uns plaît davantage que le *oui*
des autres. Le refus accompagné de douceur et de
civilité satisfait davantage un bon cœur qu'une grâce
qu'on accorde sèchement.

56

Il y a de l'esprit à savoir choisir un bon conseil,
aussi bien qu'à agir de soi-même. Les plus judicieux
ont moins de peine à consulter les sentiments des
autres, et c'est une sorte d'habileté de savoir se
mettre sous la bonne conduite d'autrui [12].

57

Les maximes de la vie chrétienne, qui se doivent
seulement puiser dans les vérités de l'Évangile, nous
sont toujours quasi enseignées selon l'esprit et l'humeur naturelle de ceux qui nous les enseignent.
Les uns par la douceur de leur naturel, les autres
par l'âpreté de leur tempérament tournent et em-

ploient selon leur sens la justice et la miséri-
corde de Dieu.

58

Dans la connaissance des choses humaines, notre
esprit ne doit jamais se rendre esclave, en s'assu-
jettissant aux fantaisies d'autrui. Il faut étendre la
liberté de son jugement et ne rien mettre dans sa
tête par aucune autorité purement humaine. Quand
on nous propose la diversité des opinions, il faut
choisir, s'il y a lieu; sinon, il faut demeurer dans
le doute.

59

La contradiction doit éveiller l'attention, et non
pas la colère. Il faut écouter, et non fuir celui qui
contredit. Notre cause doit toujours être celle de la
vérité, de quelque façon qu'elle nous soit montrée.

60

On est bien plus choqué de l'ostentation que
l'on fait de la dignité que de celle de la personne.
C'est une marque qu'on ne mérite pas les emplois,
quand on se fait de fête; si l'on se fait valoir,
ce ne doit être que par l'éminence de la vertu.
Les Grands sont plus en vénération par les qualités
de leur âme que par celles de leur fortune.

61

Il n'y a rien qui n'ait quelque perfection. C'est

le bonheur du bon goût de la trouver en chaque chose. Mais la malignité naturelle fait souvent découvrir un vice entre plusieurs vertus pour le révéler et le publier, ce qui est plutôt une marque du mauvais naturel qu'un avantage du discernement, et c'est bien mal passer sa vie que de se nourrir toujours des imperfections d'autrui.

62

Il y a une certaine manière de s'écouter en parlant qui rend toujours désagréable. Car c'est une aussi grande folie de s'écouter soi-même quand on s'entretient avec les autres que de parler tout seul.

63

Il y a peu d'avantage de se plaire à soi-même quand on ne plaît à personne. Car souvent le trop grand amour que l'on a pour soi est châtié par le mépris d'autrui.

64

Il se cache toujours assez d'amour-propre sous la plus grande dévotion pour mettre des bornes à la charité.

65

Il y a des gens tellement aveuglés, et qui se flattent tellement en toutes choses, qu'ils croient toujours comme ils désirent et pensent aussi faire croire aux autres tout ce qu'ils veulent; quelque méchante raison qu'ils emploient pour persuader, ils en sont si préoccupés qu'il leur semble qu'ils n'ont qu'à le dire d'un ton fort haut et affirmatif pour en convaincre tout le monde.

66

L'ignorance donne de la faiblesse et de la crainte; les connaissances donnent de la hardiesse et de la confiance; rien n'étonne une âme qui connaît toutes choses avec distinction.

67

C'est un défaut bien commun de n'être jamais content de sa fortune, ni mécontent de son esprit.

68

Il y a de la bassesse à tirer avantage de sa qualité et de sa grandeur pour se moquer de ceux qui nous sont soumis.

69

Quand un opiniâtre a commencé à contester quelque chose, son esprit se ferme à tout ce qui le peut éclaircir. La contestation l'irrite, quelque juste qu'elle soit, et il semble qu'il ait peur de trouver la vérité.

70

La honte qu'on a de se voir louer sans fondement donne souvent sujet de faire des choses qu'on n'aurait jamais faites sans cela.

71

Il vaut presque mieux que les Grands recherchent la gloire, et même la vanité dans les bonnes actions, que s'ils n'en étaient point du tout touchés. Car encore que ce ne soit pas les faire par les principes de la vertu, l'on en tire au moins cet avantage que la vanité leur fait faire ce qu'ils ne feraient point sans elle.

72

Ceux qui sont assez sots pour s'estimer seulement par leur noblesse méprisent en quelque façon ce qui les a rendus nobles, puisque ce n'est que la vertu de leurs ancêtres qui a fait la noblesse de leur sang[13].

73

L'amour-propre fait que nous nous trompons presque en toutes choses, que nous entendons blâmer et que nous blâmons les mêmes défauts dont nous ne nous corrigeons point, ou parce que nous ne connaissons pas le mal qui est en nous, ou parce que nous l'envisageons toujours sous l'apparence de quelque bien[14].

74

La vertu n'est pas toujours où l'on voit des actions qui paraissent vertueuses. On ne reconnaît quelquefois un bienfait que pour établir sa réputation et pour être plus hardiment ingrat aux bienfaits qu'on ne veut pas reconnaître.

75

Quand les Grands espèrent de faire croire qu'ils ont quelque bonne qualité qu'ils n'ont pas, il est dangereux de montrer qu'on en doute. Car en leur ôtant l'espérance de pouvoir tromper les yeux du monde, on leur ôte aussi le désir de faire les bonnes actions qui sont conformes à ce qu'ils affectent.

76

La meilleure nature, étant sans instruction, est toujours incertaine et aveugle. Il faut chercher soigneusement à s'instruire, pour n'être ni trop timide ni trop hardi par ignorance.

77

La société, et même l'amitié de la plupart des hommes, n'est qu'un commerce qui ne dure qu'autant que le besoin[15].

78

Quoique la plupart des amitiés qui se trouvent dans le monde ne méritent point le nom d'amitié, on peut pourtant en user selon les besoins comme d'un commerce qui n'a point de fonds certain, et sur lequel on est ordinairement trompé.

79

L'amour, partout où il est, est toujours le maître. Il forme l'âme, le cœur et l'esprit, selon ce qu'il est. Il n'est ni petit ni grand selon le cœur et l'esprit qu'il occupe, mais selon ce qu'il est en lui-même. Et il semble véritablement que l'amour est à l'âme de celui qui aime ce que l'âme est au corps de celui qu'elle anime [16].

80

L'amour a un caractère si particulier qu'on ne peut le cacher où il est, ni le feindre où il n'est pas [17].

81

Tous les grands divertissements sont dangereux pour la vie chrétienne ; mais entre tous ceux que le monde a inventés, il n'y en a point qui soit plus à craindre que la comédie. C'est une peinture si naturelle et si délicate des passions qu'elle les anime et les fait naître dans notre cœur, et surtout celle de l'amour, principalement lorsqu'on se représente qu'il est chaste et fort honnête. Car plus il paraît innocent aux âmes innocentes, et plus elles sont capables d'en être touchées. On se fait en même temps une conscience fondée sur l'honnêteté de ces sentiments ; et on s'imagine que ce n'est pas blesser la pureté que d'aimer d'un amour si sage. Ainsi on sort de la comédie le cœur si rempli de toutes les douceurs de l'amour, et l'esprit si persuadé de son innocence qu'on est tout préparé à recevoir ses premières impressions, ou plutôt à chercher l'occasion de les faire naître dans le cœur de quelqu'un, pour recevoir les mêmes plaisirs et les mêmes sacrifices que l'on a vus si bien représentés sur le théâtre [18].

DOSSIER

CHRONOLOGIE

Le plus grand seigneur de la littérature française appartient à une famille dont la fortune commence avec François I, qui est fait comte en 1515. François III, l'un des chefs du parti protestant, périt à la Saint-Barthélemy : on lira chez Brantôme l'éloge de cet homme d'esprit, « de très bonne et très plaisante compagnie et disant des mieux le mot ». François IV, né protestant, passe au catholicisme et François V verra son comté érigé par Louis XIII en duché-pairie. Son fils François VI, notre moraliste, cherchera en vain à obtenir les privilèges dus aux familles princières : « ce ver rongeur de princerie » et la politique de prestige des La Rochefoucauld seront jugés sans aménité par Saint-Simon. Le mémorialiste n'en reconnaît pas moins, avec tous ses contemporains, que François VI fit toujours à Paris « les délices de l'esprit et de la compagnie la plus choisie ».

1613. 15 septembre. — Naissance à Paris de François VI, qui, selon la tradition familiale, portera jusqu'à la mort de son père, en 1650, le titre et le nom de prince de Marcillac. Ses contemporains : Retz, né en 1613 et Saint-Évremond, au début de 1614. Mais La Fontaine naîtra en 1621, Molière en 1622 et Pascal en 1623.

Formation intellectuelle mal connue mais brève : son précepteur, Julien Collardeau, cesse ses fonctions dès 1626.

François V, duc à brevet en 1622, se range parmi les opposants à la politique de Richelieu, entré au Conseil du Roi en 1624.

1628. 20 janvier. — La Rochefoucauld est marié à quatorze ans, à Andrée de Vivonne, dont il aura huit enfants. Ils

s'installent à Paris. Le dèrnier tome de *L'Astrée,* l'une
des lectures favorites du moraliste, a paru en 1627.

1629. — Première campagne en Italie, d'où il revient maître de
camp du régiment d'Auvergne. Fait son entrée à la
cour et sans doute à l'Hôtel de Rambouillet.

1630. — Journée des Dupes : Richelieu l'emporte sur la Reine
mère et exile en province les partisans de Gaston
d'Orléans, dont François V.

1635-1636. — Campagne militaire de La Rochefoucauld contre
les Espagnols : il combat comme volontaire à Avein,
près de Liège, mais il est exilé à son retour, pour avoir
critiqué les opérations. Peut-être aussi pour être le
confident de la Reine, contre Richelieu.

1637. — Revient à la Cour, en même temps que son père.
Forme avec Mme de Chevreuse le projet romanesque
d'enlever la Reine et Mlle de Hautefort. Le complot
échoue : il est embastillé, puis exilé dans sa maison de
Verteuil, en Angoumois. 1637 est l'année où Corneille
fait jouer *Le Cid.*

1639. — Campagne militaire en Flandre. Richelieu tente de se
concilier La Rochefoucauld, qui préfère garder sa
liberté et se retirer dans ses terres.

1642. Décembre. — Mort de Richelieu. Retour à Paris d'un
irréductible qui espère être récompensé de sa fidélité à
la Reine : il a vingt-neuf ans.

1643. Mai. — Mort de Louis XIII : la Reine est déclarée régente.
La Rochefoucauld intrigue avec les Importants contre
Mazarin, dont l'étoile ne cesse de monter.

1645. — Campagne militaire dans le nord de la France.

1646. — Début de la liaison avec Mme de Longueville, dont il
aura un fils en 1649. La Rochefoucauld est blessé à
Mardick. Il achète peu après la charge de gouverneur
du Poitou.

1648. — Début de la Fronde parlementaire : La Rochefoucauld
soutient en Poitou la cause de la Cour. Mais, mécontent
de Mazarin qui lui refuse la duché à titre personnel et
le tabouret pour sa femme, il prend le parti de la
Fronde en décembre.

1649. Janvier. — Le Roi, la Reine mère et la Cour quittent Paris
pour Saint-Germain. La Rochefoucauld, qui a trente-
cinq ans, écrit sa remarquable *Apologie du prince de
Marcillac.*

Février. — Lors du blocus de Paris, dans un

engagement près de Lagny, La Rochefoucauld est « tiré à bout touchant » et grièvement blessé.

Mars. — Paix de Rueil et amnistie.

1650. — Arrestation de Condé : début de la Fronde des Princes. Mort de François V. La Rochefoucauld joue un rôle politique et militaire important à Bordeaux. Par mesure de représailles, son château de Verteuil est rasé. Il est amnistié, une seconde fois, en septembre.

1651. — Nouvelles intrigues, chevauchées, combats. « Son plus mortel ennemi », Retz, est par lui menacé de mort lors d'une séance du Parlement. Signe plusieurs traités avec les Princes et avec l'Espagne.

1652. Juillet. — Au combat du faubourg Saint-Antoine, essuie une mousquetade au visage et manque de perdre la vue. Se réfugie à Damvilliers (Luxembourg).

1653. — Fin de la Fronde. Retraite en disgrâce à Verteuil. La Rochefoucauld, qui a quarante ans, s'efforce de rétablir sa santé et ses affaires et profite de son oisiveté pour écrire ses *Mémoires*. Balzac, que François V et son fils ont fréquenté en voisins, meurt en 1654, à l'heure où apparaissent les premières Précieuses.

1656. — S'installe rue de Seine, à l'hôtel de Liancourt. Accompagne Christine de Suède lors de son séjour en France. Début de la publication des *Provinciales*.

1658. Hiver 1657-1658. — Composition des premières « sentences » ou « maximes » : La Rochefoucauld fréquente Mme de Sablé et Jacques Esprit, avec lequel il a plaisir à faire « de belles moralités au coin du feu ». J. Esprit est janséniste, et Mme de Sablé habite depuis 1656 la maison qu'elle a fait bâtir dans le monastère de Port-Royal. La marquise semble avoir bien connu Pascal, elle est l'amie de Mme de Longueville et de nombreux port-royalistes mais elle reçoit aussi des gens du monde, des hommes de lettres, des philosophes et des ecclésiastiques, dont le Père Rapin.

1659. — Publication du *Portrait de M. R. D.*, autoportrait de La Rochefoucauld, dans le *Recueil des portraits et éloges*, et du « portrait » de l'amour-propre, future maxime 1 de l'édition de 1665 (MS 1), dans un *Recueil de pièces en prose* de l'éditeur Charles de Sercy, daté 1660.

Reçoit en juillet une pension du Roi et marie en novembre son fils aîné François VII à Mlle de Liancourt, petite-fille du janséniste duc de Liancourt, son oncle.

La paix des Pyrénées marque la fin de la guerre avec l'Espagne : le dernier et le plus grand des Frondeurs, Condé, rentre en France.

1661. — Mort de Mazarin. Début du règne personnel de Louis XIV. Disgrâce de Foucquet.

1662. — Publication à Bruxelles des *Mémoires*. Devant le scandale, La Rochefoucauld les désavoue. Mme de Lafayette, qui a vingt-huit ans, et La Rochefoucauld se rencontrent à l'hôtel de Nevers, chez les du Plessis-Guénégaud, centre d'une opposition déclarée à Colbert : c'est le début d'une amitié qui durera jusqu'à la mort du duc.

1663. — Des copies des maximes circulent dans le milieu des amis de Mme de Sablé : la consultation doit renseigner l'auteur sur l'opportunité d'une publication. En dépit des précautions prises, l'une de ces copies passe en Hollande. Les maximes y sont refondues et publiées, en fin 1663 probablement, mais avec la date de 1664, sous le titre de *Sentences et maximes de morale*.

1664. — Réagissant à l'édition subreptice de Hollande, La Rochefoucauld obtient un privilège dès le 14 janvier. Le recueil paraît en fin 1664 (achevé d'imprimer du 27 octobre) : cette première édition des *Réflexions ou sentences et maximes morales* est datée de 1665. Leur auteur a cinquante et un ans.

Molière donne *Le Tartuffe* et La Fontaine ses premiers *Contes*. Boileau envisage de dédier à La Rochefoucauld sa *Satire V* sur la noblesse.

Persécutions contre Port-Royal : les religieuses sont dispersées.

1665. 9 mars. — Dans le *Journal des Savants*, fondé en janvier, article de Mme de Sablé, revu par La Rochefoucauld, sur les *Maximes*. En février, Molière a fait jouer *Dom Juan*.

1666. — Deuxième édition des *Maximes* (achevé d'imprimer du 1er septembre).

1667. — Dernière campagne de La Rochefoucauld qui participe au siège de Lille. Racine donne *Andromaque*.

1668. — La Paix de l'Église met un terme provisoire à la lutte contre le jansénisme.

Dans les *Fables* de La Fontaine (livres I-VI), paraît *L'homme et son image*, bel éloge du « livre des Maximes ».

1669. — Publication de *Zayde*, roman auquel ont collaboré, avec Mme de Lafayette, Segrais et La Rochefoucauld.

1670. — Mort à Verteuil d'Andrée de Vivonne.
　　　Publication posthume des *Pensées* de Pascal.

1671. — Troisième édition des *Maximes* (pas d'achevé d'imprimer). La Rochefoucauld cède sa duché-pairie à son fils, François VII, qui obtient, cette même année, le gouvernement du Berry.
　　　Publication du premier volume des *Essais de morale* de Nicole.

1672. 2 juin. — François VII est blessé au passage du Rhin. L'un de ses frères est tué, ainsi que le duc de Longueville, fils de La Rochefoucauld et de Mme de Longueville : les lettres de Mme de Sévigné à cette date disent assez toute l'affection que La Rochefoucauld portait au duc de Longueville.

1675. — Quatrième édition des *Maximes* (achevé d'imprimer du 17 décembre 1674). Le 1er janvier, le duc du Maine reçoit de sa tante, Mme de Thianges, la Chambre du Sublime, ensemble de figurines en cire, qui groupe les membres de la « cabale du Sublime » : le jeune duc y est représenté montrant ses vers à La Rochefoucauld. Y figurent également Bossuet, Racine, Boileau (*L'Art Poétique* et le *Traité du Sublime* ont paru en 1674), La Fontaine et Mme de Lafayette.

1677-1678. — Le traité consacré à *La Fausseté des vertus humaines* par J. Esprit, est publié grâce à Mme de Longueville et Mme de Sablé. J. Esprit meurt en 1678.

1678. — Mort de Mme de Sablé (16 janvier) : ses *Maximes* paraissent la même année, avec les *Pensées diverses* de l'abbé d'Ailly.
　　　La Princesse de Clèves (achevé d'imprimer du 8 mars) est attribuée par l'opinion publique à Mme de Lafayette et La Rochefoucauld.
　　　Fables de La Fontaine (livres VII et VIII).
　　　Cinquième édition des *Maximes* (achevé d'imprimer du 26 juillet) et publication d'un supplément à la quatrième édition, le 6 août.

1679. — Mort de Mme de Longueville. Publication des livres IX à XI des *Fables* : le *Discours à Monsieur le Duc de La Rochefoucauld*, nouvel hommage à La Rochefoucauld, emprunte très vraisemblablement l'un de ses traits à la onzième des *Réflexions diverses* sur le « rapport des hommes avec les animaux ».

Mariage de François VIII, petit-fils du moraliste, créé duc de La Roche-Guyon, avec la fille de Louvois.

1680. 17 mars. — Mort de La Rochefoucauld, âgé de soixante-six ans, dans son hôtel de la rue de Seine. Il a reçu, le 15, l'extrême-onction des mains de Bossuet. Les lettres de Mme de Sévigné apportent, sur ses derniers jours, un témoignage particulièrement important.

HISTOIRE DU TEXTE

Les *Maximes* sont l'un des rares textes du XVIIᵉ siècle à fournir autant de leçons et de variantes. Non seulement les cinq éditions parues du vivant de l'auteur, de 1665 (1ʳᵉ édition) à 1678 (5ᵉ édition), ont donné lieu à corrections, mais nous disposons, grâce à certains manuscrits, d'états du texte antérieurs à 1665.

Le premier est celui du manuscrit de Liancourt, aujourd'hui introuvable, mais dont il existe un fac-similé photographique procuré en 1931 par Jean Marchand. Ce manuscrit est partiellement autographe — d'où son intérêt — et il représente, avec les lettres de l'auteur à J. Esprit et à Mᵐᵉ de Sablé, une des versions les plus anciennes des maximes. Quelle que soit sa date de composition (1661-1663), c'est un document important, en l'absence des manuscrits connus au XIXᵉ siècle et qui ont tous mystérieusement disparu.

Les copies de 1663, faites pour être communiquées aux amis de l'auteur, enregistrent un nouvel état du texte. L'une des meilleures est la copie Smith-Lesouëf (édition J. Truchet, p. 469 sq.). Une autre de ces copies fut envoyée à l'insu de l'auteur à un libraire de La Haye et se trouve être à l'origine de l'édition de Hollande, dont les exemplaires, fort rares, portent la date de 1664. Il s'agit d'une exploitation hâtive du manuscrit, qui méconnaît les intentions de l'auteur et regroupe, parfois très maladroitement, les maximes traitant d'un même sujet.

C'est pour substituer à cette contrefaçon une édition correcte que La Rochefoucauld sollicite et obtient, le 14 janvier 1664, un privilège du Roi. Les 318 maximes de la première édition paraîtront ainsi chez Barbin, avec un achevé d'imprimer du 27 octobre 1664, mais avec la date de 1665. Elles sont précédées d'un *Avis au lecteur* et d'un important *Discours*, qui précisent les intentions de l'œuvre et qu'on trouvera ici dans les documents concernant la première édition.

Cette édition de 1665 n'est pas sans défauts et il semble que l'auteur n'ait vraiment dominé l'ensemble de son texte qu'au cours de la révision entreprise alors. Il ne se contente pas d'ajouter 44 maximes nouvelles, il en retranche 60 et modifie parfois leur groupement. Publiée en 1666 (achevé d'imprimer du 1er septembre), la seconde édition ne compte plus que 302 réflexions. Le *Discours* préliminaire a été supprimé.

La troisième édition date de 1671. Une seule maxime est supprimée, 40 y sont ajoutées, soit un total de 341 maximes, dont 22 ont été modifiées.

La quatrième, de 1675, porte un achevé d'imprimer du 17 décembre 1674, et ce n'est guère qu'une troisième édition grossie de 72 maximes et d'une épigraphe. Aucune maxime n'est supprimée, et très peu, 3 seulement, sont modifiées.

La cinquième, de 1678 (achevé d'imprimer du 26 juillet), est marquée, comme la seconde, par d'importants remaniements : 14 maximes sont supprimées, 2 sont regroupées, 18 sont modifiées, et surtout 106 sont ajoutées. En août, l'éditeur sort un petit volume de *Nouvelles Réflexions* destiné à servir de complément à la quatrième édition : c'est, pour cette partie de l'œuvre, la dernière version revue par l'auteur.

On a longtemps cru que les maximes inédites qu'on rencontre dans la sixième édition, de 1693, treize ans donc après la mort de l'auteur, avaient été composées entre 1678 et 1680. Il n'en est rien, puisque ce sont en fait des réflexions des années 1671-1674 qui n'ont pas été admises dans la quatrième édition.

*

Les *Réflexions diverses* regroupent des « dissertations » sur différents sujets, moraux et historiques, qui furent composées, nous semble-t-il, assez tardivement (entre 1673 et 1679) et dont on ne sait si leur auteur avait envisagé de les publier et sous quelle forme.

Sept d'entre elles ont paru en 1731 dans un *Recueil de pièces d'histoire et de littérature*, dû à l'abbé Granet et au Père Desmolets. Ces Réflexions, dites alors « nouvelles », correspondent à nos Réflexions II, III, IV, V, X, XIII (partie) et XVI.

D'un manuscrit des La Rochefoucauld, le manuscrit A (163), Édouard de Barthélemy tira douze autres pièces qu'il édita en 1863 sous le nom de *Réflexions diverses*. En 1868, Gilbert republia, avec plus d'égards pour le texte, les dix-neuf réflexions du même manuscrit.

La découverte par Regnier, en 1883, d'un nouveau manuscrit de la même provenance, le manuscrit 325 *bis,* lui permit de présenter des variantes et des additions intéressantes. C'est cette leçon révisée du texte qui a été retenue par J. Truchet et que nous avons suivie à notre tour.

DOCUMENTS CONCERNANT
LA PREMIÈRE ÉDITION

AVIS AU LECTEUR

Voici un portrait du cœur de l'homme que je donne au public [1], sous le nom de *Réflexions ou Maximes morales*. Il court fortune de ne plaire pas à tout le monde, parce qu'on trouvera peut-être qu'il ressemble trop, et qu'il ne flatte pas assez. Il y a apparence que l'intention du peintre n'a jamais été de faire paraître cet ouvrage, et qu'il serait encore renfermé dans son cabinet si une méchante copie qui en a couru, et qui a passé même depuis quelque temps en Hollande, n'avait obligé un de ses amis de m'en donner une autre, qu'il dit être tout à fait conforme à l'original; mais toute correcte qu'elle est, possible n'évitera-t-elle pas la censure de certaines personnes qui ne peuvent souffrir que l'on se mêle de pénétrer dans le fond de leur cœur, et qui croient être en droit d'empêcher que les autres les connaissent, parce qu'elles ne veulent pas se connaître elles-mêmes. Il est vrai que, comme ces *Maximes* sont remplies de ces sortes de vérités dont l'orgueil humain ne se peut accommoder, il est presque impossible qu'il ne se soulève contre elles, et qu'elles ne s'attirent des censeurs. Aussi est-ce pour eux que je mets ici une *Lettre* que l'on m'a donnée, qui a été faite depuis que le manuscrit a paru, et dans le temps que chacun se mêlait d'en dire son avis. Elle m'a semblé assez propre pour répondre aux principales difficultés que l'on peut opposer aux *Réflexions,* et pour expliquer les sentiments de leur auteur. Elle suffit pour faire voir que ce qu'elles contiennent n'est autre chose que l'abrégé d'une morale conforme aux pensées de plusieurs Pères de l'Église, et que celui qui les a écrites a eu beaucoup de raison de croire qu'il ne pouvait s'égarer en suivant de si bons guides, et qu'il lui était permis de parler de l'*homme* comme les Pères en ont parlé. Mais si le respect qui leur est dû n'est pas capable de retenir le chagrin des critiques, s'ils ne font point de scrupule de condamner l'opinion de ces grands hommes en condamnant ce livre, je prie le lecteur de ne les pas imiter, de ne laisser point entraîner son esprit au premier mouvement de son cœur, et de donner ordre, s'il est possible, que l'*amour-propre* ne se mêle point dans le jugement qu'il en fera; car s'il le consulte, il ne faut pas s'attendre qu'il puisse être favorable à ces *Maximes :* comme elles traitent l'*amour-propre* de corrupteur de la raison, il ne manquera pas de prévenir l'esprit contre elles. Il faut donc prendre garde que cette prévention ne les justifie, et se persuader qu'il n'y a rien de plus propre à établir la vérité de ces *Réflexions* que la chaleur et la subtilité que l'on témoignera pour les combattre. En effet il sera difficile de faire croire à tout homme de bon sens que l'on les condamne par d'autre motif que par celui de l'intérêt caché, de l'orgueil et de l'amour-propre. En un mot, le meilleur parti que le lecteur ait à prendre est de se mettre d'abord dans l'esprit qu'il n'y a aucune de ces maximes qui le regarde en particulier, et qu'il en est seul excepté, bien qu'elles paraissent générales; après cela, je lui réponds qu'il sera le premier à y souscrire, et qu'il croira qu'elles font encore grâce au cœur humain. Voilà ce que j'avais à dire sur cet écrit en général. Pour ce qui est de la méthode que l'on y eût pu observer, je crois qu'il eût été à désirer que chaque *maxime* eût eu un titre du sujet qu'elle traite, et qu'elles eussent été mises dans un plus grand ordre; mais je ne l'ai pu faire sans renverser entièrement celui de la copie qu'on m'a donnée; et comme il y a plusieurs *maximes* sur une même matière, ceux à qui j'en ai demandé avis ont jugé qu'il était plus expédient de faire une table à laquelle on aura recours pour trouver celles qui traitent d'une même chose.

DISCOURS
SUR LES RÉFLEXIONS OU SENTENCES
ET MAXIMES MORALES[2]

Monsieur,

Je ne saurais vous dire au vrai si les Réflexions morales sont de M.***, quoiqu'elles soient écrites d'une manière qui semble approcher de la sienne; mais en ces occasions-là je me défie presque toujours de l'opinion publique, et c'est assez qu'elle lui en ait fait un présent pour me donner une juste raison de n'en rien croire. Voilà de bonne foi tout ce que je vous puis répondre sur la première chose que vous me demandez. Et pour l'autre, si vous n'aviez bien du pouvoir sur moi, vous n'en auriez guère plus de contentement; car un homme prévenu, au point que je le suis, d'estime pour cet ouvrage n'a pas toute la liberté qu'il faut pour en bien juger. Néanmoins, puisque vous me l'ordonnez, je vous en dirai mon avis, sans vouloir m'ériger autrement en faiseur de dissertations, et sans y mêler en aucune façon l'intérêt de celui que l'on croit avoir fait cet écrit. Il est aisé de voir d'abord qu'il n'était pas destiné pour paraître au jour, mais seulement pour la satisfaction d'une personne qui, à mon avis, n'aspire pas à la gloire d'être auteur; et si par hasard c'était M.***, je puis vous dire que sa réputation est établie dans le monde par tant de meilleurs titres qu'il n'aurait pas moins de chagrin de savoir que ces *Réflexions* sont devenues publiques qu'il en eut lorsque les *Mémoires* qu'on lui attribue furent imprimés. Mais vous savez, Monsieur, l'empressement qu'il y a dans le siècle pour publier toutes les nouveautés, et s'il y a moyen de l'empêcher quand on le voudrait, surtout celles qui courent sous des noms qui les rendent recommandables. Il n'y a rien de plus vrai, Monsieur : les noms font valoir les choses auprès de ceux qui n'en sauraient connaître le véritable prix; celui des *Réflexions* est connu de peu de gens, quoique plusieurs se soient mêlés d'en dire leur avis. Pour moi, je ne me pique pas d'être assez délicat et assez habile pour en bien juger; je dis habile et délicat, parce que je tiens qu'il faut être pour cela l'un et l'autre; et quand je me pourrais flatter de l'être, je m'imagine que j'y trouverais peu de choses à changer. J'y rencontre partout de la force et de la pénétration, des pensées élevées et hardies, le tour de l'expression noble, et accompagné d'un certain air de qualité qui n'appartient pas à tous ceux qui se mêlent d'écrire. Je demeure d'accord qu'on n'y trouvera pas tout l'ordre ni tout l'art que l'on y pourrait souhaiter, et qu'un savant qui aurait un plus grand loisir y aurait pu mettre plus d'arrangement; mais un homme qui n'écrit que pour soi, et pour délasser son esprit, qui écrit les choses à mesure qu'elles lui viennent dans la pensée, n'affecte pas tant de suivre les règles que celui qui écrit de profession, qui s'en fait une affaire, et qui songe à s'en faire honneur. Ce désordre néanmoins a ses grâces, et des grâces que l'art ne peut imiter. Je ne sais pas si vous êtes de mon goût, mais quand les savants m'en devraient vouloir du mal, je ne puis m'empêcher de dire que je préférerai toute ma vie la manière d'écrire négligée d'un courtisan qui a de l'esprit à la régularité gênée d'un docteur qui n'a jamais rien vu que ses livres. *Plus ce qu'il dit et ce qu'il écrit paraît aisé, et dans un certain air d'un homme qui se néglige, plus cette négligence, qui cache l'art sous une expression simple et naturelle, lui donne d'agrément.* C'est de Tacite que je tiens ceci, je vous mets à la marge le passage latin [3], que vous lirez si vous en avez envie ; et j'en userai de même de tous ceux dont je me souviendrai, n'étant pas assuré si vous aimez cette langue qui n'entre guère dans le commerce du grand monde, quoique je sache que vous l'entendez parfaitement. N'est-il pas vrai, Monsieur, que cette justesse recherchée avec trop d'étude a toujours un je ne sais quoi de contraint qui donne du dégoût, et qu'on ne trouve jamais dans les ouvrages de ces gens esclaves des règles ces beautés où l'art se déguise sous les apparences du naturel, ce don d'écrire facilement et noblement, enfin ce que le Tasse a dit du palais d'Armide :

> *Stimi (si misto il culto è col negletto),*
> *Sol naturali gli ornamenti e i siti.*
> *Di natura arte par, che per diletto*
> *L'imitatrice sua scherzando imiti* [4].

Voilà comme un poète français l'a pensé après lui :

> L'artifice n'a point de part
> Dans cette admirable structure ;
> La nature, en formant tous les traits au hasard,
> Sait si bien imiter la justesse de l'art
> Que l'œil, trompé d'une douce imposture,
> Croit que c'est l'art qui suit l'ordre de la nature.

Voilà ce que je pense de l'ouvrage en général ; mais je vois bien que ce n'est pas assez pour vous satisfaire, et que vous voulez que je réponde plus précisément aux difficultés que vous me dites que l'on vous a faites. Il me semble que la première est celle-ci : *que les Réflexions détruisent toutes les vertus.* On peut dire à cela que l'intention de celui qui les a écrites paraît fort éloignée de les vouloir détruire ; il prétend seulement faire voir qu'il n'y en a presque point de pures dans le monde, et que dans la plupart de nos actions il y a un mélange d'erreur et de vérité, de perfection et d'imperfection, de vice et de vertu ; il regarde le cœur de l'homme corrompu, attaqué de l'orgueil et de l'amour-propre, et environné de mauvais exemples comme le commandant d'une ville assiégée à qui l'argent a manqué : il fait de la monnaie de cuir, et de carton ; cette monnaie a la figure de la bonne, on la débite pour le même prix, mais ce n'est que la misère et le besoin qui lui donnent cours parmi les assiégés. De même la plupart des actions des hommes que le monde prend pour des vertus n'en ont bien souvent que l'image et la ressemblance. Elles ne laissent pas néanmoins d'avoir leur mérite et d'être dignes en quelque sorte de notre estime, étant très difficile d'en avoir humainement de meilleures. Mais quand il serait vrai qu'il croirait qu'il n'y en aurait aucune de véritable dans l'homme, en le considérant dans un état purement naturel, il ne serait pas le premier qui aurait eu cette opinion. Si je ne craignais pas de m'ériger trop en docteur, je vous citerais bien des auteurs, et même des Pères de l'Église, et de grands saints, qui ont pensé que l'amour-propre et l'orgueil étaient l'âme des plus belles actions des païens. Je vous ferais voir que quelques-uns d'entre eux n'ont pas même pardonné à la chasteté de Lucrèce, que tout le monde avait crue vertueuse jusqu'à ce qu'ils eussent découvert la fausseté de cette vertu, qui avait produit la liberté de Rome, et qui s'était attiré l'admiration de tant de siècles [5]. Pensez-vous, Monsieur, que Sénèque, qui faisait aller son sage de pair avec les dieux [6], fût véritablement sage lui-même, et qu'il fût bien persuadé de ce qu'il voulait persuader aux autres? Son orgueil n'a pu l'empêcher de dire quelquefois qu'*on n'avait point vu dans le monde d'exemple de l'idée qu'il proposait, qu'il était impossible de trouver une vertu si achevée parmi les hommes, et que le plus parfait d'entre eux était celui qui avait le moins de défauts* [7]. Il demeure d'accord que *l'on peut reprocher à Socrate d'avoir eu quelques amitiés suspectes; à Platon et Aristote, d'avoir été avares; à Épicure, prodigue et voluptueux;* mais il s'écrie en même temps que *nous serions trop heureux d'être parvenus à savoir imiter leurs vices* [8]. Ce philosophe aurait eu raison d'en dire autant des siens, car on ne serait pas trop malheureux de pouvoir jouir comme il a fait de toute sorte de biens, d'honneurs et de plaisirs, en affectant de les mépriser; de se voir le maître de l'empire, et de l'empereur, et l'amant de l'impératrice en même temps; d'avoir de superbes palais, des jardins délicieux, et de prêcher, aussi à son aise qu'il faisait, la modération, et la pauvreté, au milieu de l'abondance, et des richesses [9]. Pensez-vous, Monsieur, que ce stoïcien qui contrefaisait si bien le maître de ses passions eût d'autres vertus que celle de bien cacher ses vices, et qu'en se faisant couper les veines il ne se repentit pas plus d'une fois d'avoir laissé à son disciple le pouvoir de le faire mourir? Regardez un peu de près ce faux brave : vous verrez qu'en faisant de beaux raisonnements sur l'immortalité de l'âme, il cherche à s'étourdir sur la crainte de la mort; il ramasse toutes ses forces pour faire bonne mine; il se mord la langue de peur de dire que la douleur est un mal [10]; il prétend que la raison peut rendre l'homme impassible, et au lieu d'abaisser son orgueil il le relève au-dessus de la divinité. Il nous aurait bien plus obligés de nous avouer franchement les faiblesses et la corruption du cœur humain, que de prendre tant de peine à nous tromper. L'auteur des *Réflexions* n'en fait pas de même : il expose au jour toutes les misères de l'homme. Mais c'est de l'homme abandonné à sa conduite qu'il parle, et non pas du chrétien. Il fait voir que, malgré tous les efforts de sa raison, l'orgueil et l'amour-propre ne laissent pas de se cacher dans les replis de son cœur, d'y vivre et d'y conserver assez de forces pour répandre leur venin sans qu'il s'en aperçoive dans la plupart de ses mouvements.

La seconde difficulté que l'on vous a faite, et qui a beaucoup de rapport à la première, est que *les* Réflexions *passent dans le monde pour des subtilités d'un censeur qui prend en mauvaise part les actions les plus indifférentes, plutôt que pour des vérités solides.* Vous me dites que quelques-uns de vos amis vous ont assuré de bonne foi qu'ils savaient, par leur propre expérience, que l'on fait quelquefois le bien sans avoir d'autre vue que celle du bien, et souvent même sans en avoir aucune, ni pour le bien, ni pour le mal, mais par une droiture naturelle du cœur, qui le porte sans y penser vers ce qui est bon. Je voudrais qu'il me fût permis de croire ces gens-là sur leur parole, et qu'il fût vrai que la nature humaine n'eût que des mouvements raisonnables, et que toutes nos actions fussent naturellement vertueuses; mais, Monsieur, comment accorderons-nous le témoignage de vos amis avec les sentiments des mêmes Pères de l'Église, qui ont assuré *que toutes nos vertus, sans le secours de la foi, n'étaient que des imperfections; que notre volonté était née aveugle; que ses désirs étaient aveugles, sa conduite encore plus aveugle, et qu'il ne fallait pas s'étonner si, parmi tant d'aveuglement, l'homme était dans un égarement continuel?* Ils en ont parlé encore plus fortement, car ils ont dit qu'en cet état *la prudence de l'homme ne pénétrait dans l'avenir et n'ordonnait rien que par rapport à l'orgueil; que sa tempérance ne modérait aucun excès que celui que l'orgueil avait condamné; que sa constance ne se soutenait dans les malheurs qu'autant qu'elle était soutenue par l'orgueil; et enfin que toutes ses vertus, avec cet éclat extérieur de mérite qui les faisait admirer, n'avaient pour but que cette admiration, l'amour d'une vaine gloire, et l'intérêt de l'orgueil*[11]. On trouverait un nombre presque infini d'autorités sur cette opinion; mais si je m'engageais à vous les citer régulièrement, j'en aurais un peu plus de peine, et vous n'en auriez pas plus de plaisir. Je pense donc que le meilleur, pour vous et pour moi, sera de vous en faire voir l'abrégé dans six vers d'un excellent poète de notre temps :

> Si le jour de la foi n'éclaire la raison,
> Notre goût dépravé tourne tout en poison;
> Toujours de notre orgueil la subtile imposture
> Au bien qu'il semble aimer fait changer de nature;
> Et dans le propre amour dont l'homme est revêtu,
> Il se rend criminel même par sa vertu[12].

S'il faut néanmoins demeurer d'accord que vos amis ont le don de cette foi vive qui redresse toutes les mauvaises inclinations de l'amour-propre, si Dieu leur fait des grâces extraordinaires, s'il les sanctifie dès ce monde, je souscris de bon cœur à leur canonisation, et je leur déclare que les *Réflexions morales* ne les regardent point. Il n'y a pas d'apparence que celui qui les a écrites en veuille à la vertu des saints ; il ne s'adresse, comme je vous ai dit, qu'à l'homme corrompu : il soutient qu'il fait presque toujours du mal quand son amour-propre le flatte qu'il fait le bien, et qu'il se trompe souvent lorsqu'il veut juger de lui-même, parce que la nature ne se déclare pas en lui sincèrement des motifs qui le font agir. Dans cet état malheureux où l'orgueil est l'âme de tous ses mouvements, les saints mêmes sont les premiers à lui déclarer la guerre, et le traitent plus mal sans comparaison que ne fait l'auteur des Réflexions. S'il vous prend quelque jour envie de voir les passages que j'ai trouvés dans leurs écrits sur ce sujet, vous serez aussi persuadé que je le suis de cette vérité ; mais je vous supplie de vous contenter à présent de ces vers, qui vous expliqueront une partie de ce qu'ils ont pensé :

> Le désir des honneurs, des biens, et des délices,
> Produit seul ses vertus, comme il produit ses vices,
> Et l'aveugle intérêt qui règne dans son cœur,
> Va d'objet en objet, et d'erreur en erreur ;
> Le nombre de ses maux s'accroît par leur remède ;
> Au mal qui se guérit un autre mal succède ;
> Au gré de ce tyran dont l'empire est caché,
> Un péché se détruit par un autre péché [13].

Montaigne, que j'ai quelque scrupule de vous citer après des Pères de l'Église, dit assez heureusement sur ce même sujet que son âme a deux visages différents, qu'elle a beau se replier sur elle-même, elle n'aperçoit jamais que celui que l'amour-propre a déguisé, pendant que l'autre se découvre par ceux qui n'ont point de part à ce déguisement [14]. Si j'osais enchérir sur une métaphore si hardie, je dirais que l'homme corrompu est fait comme ces médailles qui représentent la figure d'un saint et celle d'un démon dans une seule face et par les mêmes traits. Il n'y a que la diverse situation de ceux qui la regardent qui change l'objet ; l'un voit le saint, et l'autre voit le démon. Ces comparaisons nous font assez comprendre que, quand l'amour-propre a séduit le cœur, l'orgueil aveugle tellement la raison, et répand tant d'obscurité dans toutes ses connaissances, qu'elle ne peut juger du moindre de nos mouvements, ni former d'elle-même aucun discours assuré pour notre conduite. *Les hommes*, dit Horace, *sont sur la terre comme une troupe de voyageurs, que la nuit a surpris en passant dans une forêt : ils marchent sur la foi d'un guide qui les égare aussitôt, ou par malice, ou par ignorance ; chacun d'eux se met en peine de retrouver le chemin; ils prennent tous diverses routes, et chacun croit suivre la bonne; plus il le croit, et plus il s'en écarte. Mais quoique leurs égarements soient différents, ils n'ont pourtant qu'une même cause : c'est le guide qui les a trompés, et l'obscurité de la nuit qui les empêche de se redresser* [15]. Peut-on mieux dépeindre l'aveuglement et les inquiétudes de l'homme abandonné à sa propre conduite, qui n'écoute que les conseils de son orgueil, qui croit aller naturellement droit au bien, et qui s'imagine toujours que le dernier qu'il recherche est le meilleur? N'est-il pas vrai que, dans le temps qu'il se flatte de faire des actions vertueuses, c'est alors que l'égarement de son cœur est plus dangereux? Il y a un si grand nombre de roues qui composent le mouvement de cet horloge, et le principe en est si caché, qu'encore que nous voyions ce que marque la montre, nous ne savons pas quel est le ressort qui conduit l'aiguille sur toutes les heures du cadran.

La troisième difficulté que j'ai à résoudre est que *beaucoup de personnes trouvent de l'obscurité dans le sens et dans l'expression de ces réflexions.* L'obscurité, comme vous savez, Monsieur, ne vient pas toujours de la faute de celui qui écrit. Les *Réflexions*, ou si vous voulez les *Maximes* et les *Sentences,* comme le monde a nommé celles-ci, doivent être écrites dans un style serré, qui ne permet pas de donner aux choses toute la clarté qui serait à désirer. Ce sont les premiers traits du tableau : les yeux habiles y remarquent bien toute la finesse de l'art et la beauté de la pensée du peintre; mais cette beauté n'est pas faite pour tout le monde, et quoique ces traits ne soient point remplis de couleurs, ils n'en sont pas moins des coups de maître. Il faut donc se donner le loisir de pénétrer le sens et la force des paroles, il faut que l'esprit parcoure toute l'étendue de leur signification avant que de se reposer pour en former le jugement.

La quatrième difficulté est, ce me semble, que *les Maximes sont presque partout trop générales.* On vous a dit qu'*il est injuste d'étendre sur tout le genre humain des défauts qui ne se trouvent qu'en quelques hommes.* Je sais, outre ce que vous me mandez des différents sentiments que vous en avez entendus, ce que l'on oppose d'ordinaire à ceux qui découvrent et qui condamnent les vices : on appelle leur censure le portrait du peintre; on dit qu'ils sont comme les malades de la jaunisse, qu'ils voient tout jaune parce qu'ils le sont eux-mêmes. Mais s'il était vrai que, pour censurer la corruption du cœur en général, il fallût la ressentir en particulier plus qu'un autre, il faudrait aussi demeurer d'accord que ces philosophes, dont Diogène de Laërce nous rapporte les sentences, étaient les hommes les plus corrompus de leur siècle; il faudrait faire le procès à la mémoire de Caton, et croire que c'était le plus méchant homme de la république, parce qu'il censurait les vices de Rome. Si cela est, Monsieur, je ne pense pas

que l'auteur des *Réflexions*, quel qu'il puisse être, trouve rien à
redire au chagrin de ceux qui le condamneront, quand, à la
religion près, on ne le croira pas plus homme de bien, ni plus
sage que Caton. Je dirai encore, pour ce qui regarde les termes
que l'on trouve trop généraux, qu'il est difficile de les restreindre
dans les sentences sans leur ôter tout le sel et toute la force; il me
semble, outre cela, que l'usage nous fait voir que sous des
expressions générales l'esprit ne laisse pas de sous-entendre de
lui-même des restrictions. Par exemple, quand on dit : *Tout Paris
fut au-devant du Roi, toute la Cour est dans la joie*, ces façons de
parler ne signifient néanmoins que la plus grande partie. Si vous
croyez que ces raisons ne suffisent pas pour fermer la bouche aux
critiques, ajoutons-y que quand on se scandalise si aisément des
termes d'une censure générale, c'est à cause qu'elle nous pique
trop vivement dans l'endroit le plus sensible du cœur.

Néanmoins il est certain que nous connaissons, vous et moi,
bien des gens qui ne se scandalisent pas de celle des *Réflexions*,
j'entends de ceux qui ont l'hypocrisie en aversion, et qui avouent
de bonne foi ce qu'ils sentent en eux-mêmes et ce qu'ils
remarquent dans les autres. Mais peu de gens sont capables d'y
penser, ou s'en veulent donner la peine, et si par hasard ils y
pensent, ce n'est jamais sans se flatter. Souvenez-vous, s'il vous
plaît, de la manière dont notre ami Guarini traite ces gens-là :

> *Huomo sono, e mi preggio d'esser humano :*
> *E teco, che sei huomo*
> *E ch'altro esser non puoi,*
> *Come huomo parlo di cosa humana.*
> *E se di cotal nome forse ti sdegni,*
> *Guarda, garzon superbo,*
> *Che, nel dishumanarti,*
> *Non divenghi una fiera, anzi ch'un dio*[16].

Voilà, Monsieur, comme il faut parler de l'orgueil de la nature
humaine; et au lieu de se fâcher contre le miroir qui nous fait
voir nos défauts, au lieu de savoir mauvais gré à ceux qui nous les
découvrent, ne vaudrait-il pas mieux nous servir des lumières
qu'ils nous donnent pour connaître l'amour-propre et l'orgueil, et
pour nous garantir des surprises continuelles qu'ils font à notre
raison? Peut-on jamais donner assez d'aversion pour ces deux
vices, qui furent les causes funestes de la révolte de notre premier
père, ni trop décrier ces sources malheureuses de toutes nos
misères?

Que les autres prennent donc comme ils voudront les
Réflexions morales. Pour moi je les considère comme peinture
ingénieuse de toutes les singeries du faux sage; il me semble que,

dans chaque trait, *l'amour de la vérité lui ôte le masque, et le montre tel qu'il est.* Je les regarde comme des leçons d'un maître qui entend parfaitement l'art de connaître les hommes, qui démêle admirablement bien tous les rôles qu'ils jouent dans le monde, et qui non seulement nous fait prendre garde aux différents caractères des personnages du théâtre, mais encore qui nous fait voir, en levant un coin du rideau, que cet amant et ce roi de la comédie sont les mêmes acteurs qui font le docteur et le bouffon dans la farce. Je vous avoue que je n'ai rien lu de notre temps qui m'ait donné plus de mépris pour l'homme, et plus de honte à ma propre vanité. Je pense toujours trouver à l'ouverture du livre quelque ressemblance aux mouvements secrets de mon cœur; je me tâte moi-même pour examiner s'il dit vrai, et je trouve qu'il le dit presque toujours, et de moi et des autres, plus qu'on ne voudrait. D'abord j'en ai quelque dépit, je rougis quelquefois de voir qu'il ait deviné, mais je sens bien, à force de le lire, que si je n'apprends à devenir plus sage, j'apprends au moins à connaître que je ne le suis pas; j'apprends enfin, par l'opinion qu'il me donne de moi-même, à ne me répandre pas sottement dans l'admiration de toutes ces vertus dont l'éclat nous saute aux yeux. Les hypocrites passent mal leur temps à la lecture d'un livre comme celui-là. Défiez-vous donc, Monsieur, de ceux qui vous en diront du mal, et soyez assuré qu'ils n'en disent que parce qu'ils sont au désespoir de voir révéler des mystères qu'ils voudraient pouvoir cacher toute leur vie aux autres et à eux-mêmes.

En ne voulant vous faire qu'une lettre, je me suis engagé insensiblement à vous écrire un grand discours; appelez-le comme vous voudrez, ou discours ou lettre, il ne m'importe, pourvu que vous en soyez content, et que vous me fassiez l'honneur de me croire,

    Monsieur,

                             Votre, etc.

LETTRE DE LA ROCHEFOUCAULD
AU PÈRE THOMAS ESPRIT.
6 FÉVRIER 1664[17].

                             6 février.

Vous me permettrez de vous dire que l'on fait un peu plus de bruit de ces maximes qu'on ne devrait et qu'elles ne méritent. Je ne sais si on y a ajouté ou changé quelque chose comme on a accoutumé de faire. Mais si elles sont comme je les ai vues, je crois qu'on les pourrait soutenir sans grand péril, au moins si on peut être bien fondé à soutenir un ramas de diverses pensées à qui on n'a point encore donné d'ordre, ni de commencement ni de fin. Il peut y avoir même quelques expressions trop générales que l'on aurait adoucies si on avait cru que ce qui devait demeurer secret entre un de vos parents et un de vos amis [18] eût été rendu public. Mais comme le dessein de l'un et de l'autre a été de prouver que la vertu des anciens philosophes païens, dont ils ont fait tant de bruit, a été établie sur de faux fondements, et que l'homme, tout persuadé qu'il est de son mérite, n'a en soi que des apparences trompeuses de vertu dont il éblouit les autres et dont souvent il se trompe lui-même lorsque la foi ne s'en mêle point, il me semble, dis-je, que l'on n'a pu trop exagérer les misères et les contrariétés du cœur humain pour humilier l'orgueil ridicule dont il est rempli, et lui faire voir le besoin qu'il a en toutes choses d'être soutenu et redressé par le christianisme. Il me semble que les maximes dont est question tendent assez à cela et qu'elles ne sont pas criminelles, puisque leur but est d'attaquer l'orgueil, qui, à ce que j'ai ouï dire, n'est pas nécessaire à salut. Je demeure donc d'accord que c'est un malheur qu'elles aient paru sans être achevées et sans l'ordre qu'elles devaient avoir. Mais on aurait trop d'affaires sur les bras à la fois, de se plaindre de ceux qui ont tort là-dessus. Nous discuterons à la première vue s'il est vrai ou non que les vices entrent souvent dans la composition de quelques vertus, comme les poisons entrent dans la composition des plus grands remèdes de la médecine [19]. Quand je dis nous, j'entends parler de l'homme qui croit ne devoir qu'à lui seul ce qu'il a de bon, comme faisaient les grands hommes de l'antiquité, et comme cela je crois qu'il y avait de l'orgueil, de l'injustice et mille autres ingrédients dans la magnanimité et la libéralité d'Alexandre et de beaucoup d'autres; que dans la vertu de Caton il y avait de la rudesse, et beaucoup d'envie et de haine contre César; que dans la clémence d'Auguste pour Cinna il y eut un désir d'éprouver un remède nouveau, une lassitude de répandre inutilement tant de sang, et une crainte des événements à quoi on a plutôt fait de donner le nom de vertu que de faire l'anatomie de tous les replis du cœur. Je ne prétends pas de vous en dire davantage, ni faire ici un manifeste. Vous en direz ce que vous jugerez à propos à Mme de Liancourt et à Mme du Plessis [20]. Si vous voulez aussi que M. Bernard fasse voir ce que je vous mande à M. de la Chapelle, qui demeure chez M. le Premier Président [21], vous m'épargnerez la peine de le récrire pour lui envoyer. Je vous donne le bonsoir et suis entièrement à vous. Je n'écrirai pas à Mme de Liancourt pour ne la tourmenter pas de cette affaire.

CHOIX DE VARIANTES [22]

Épigraphe.

L 3. — Nous sommes préoccupés de telle sorte en notre faveur que ce que nous prenons le plus souvent pour des vertus ne sont en effet que des vices qui leur ressemblent et que l'orgueil et l'amour-propre nous ont déguisés.

SL 9 – L 3, sauf « ce que nous prenons *souvent* pour des vertus n'*est* en effet qu'*un nombre de* vices ».

I 181 = SL 9.

II, III, IV 172. — Nous sommes *si* préoccupés en notre faveur que souvent ce que nous prenons pour des vertus n'est que *des* vices qui leur ressemblent, et que l'amour-propre nous *déguise.*

IV et V, épigraphe. — *Nos* vertus *ne sont, le plus souvent, que* des vices *déguisés.*

Maxime 1.

L 246 et lettre 12. — De plusieurs actions diverses que la fortune arrange comme il lui plaît il s'en fait plusieurs vertus.

I 293. — De plusieurs actions *différentes* que la *Fortune* arrange comme il lui plaît, il s'en fait plusieurs vertus.

II, III 1. — *Ce que nous prenons pour des* vertus *n'est souvent qu'un assemblage de diverses* actions que la fortune arrange comme il lui plaît.

IV, V 1. — Ce que nous prenons pour des vertus n'est souvent qu'un assemblage de diverses actions et *de divers intérêts,* que la fortune *ou notre industrie savent arranger ; et ce n'est pas toujours par valeur et par chasteté que les hommes sont vaillants, et que les femmes sont chastes.*

Maxime 9.

L 164. — Les passions ont une injustice et un propre intérêt qui fait qu'elles offensent et blessent toujours, même lorsqu'elles parlent raisonnablement et équitablement; la charité a seule le privilège de dire quasi tout ce qui lui plaît et de ne blesser jamais personne.

SL 166 – L 164, sauf « dire tout ce qui lui plaît » (sans *quasi*).

I 9. — Les passions ont une injustice et un propre intérêt qui fait qu'*il est dangereux de les suivre, lors même qu*'elles *paraissent les plus raisonnables.*

II 9 à V 9 – I 9, sauf « de les suivre, *et qu'on s'en doit défier* lors même ».

Maxime 16.

L 217. — La clémence c'est un mélange de gloire, de paresse et de crainte dont nous faisons une vertu.

SL 3 – L 217, sauf « La clémence est un mélange ».

I 16. — La clémence, *dont nous faisons une vertu, se pratique tantôt pour la gloire, quelquefois par paresse, souvent par* crainte*, et presque toujours par tous les trois ensemble.*

II 16 à V 16 – I 16, sauf « *Cette* clémence dont *on fait* une vertu se pratique tantôt *par vanité,* quelquefois par paresse ».

Maxime 22.

Lettre 2. — L. R. écrit à J. Esprit : « ... il y a longtemps que j'ai éprouvé que la philosophie ne fait des merveilles que contre les maux passés ou contre ceux qui ne sont pas prêts d'arriver, mais qu'elle n'a pas grande vertu contre les maux présents. »

G 22. — La philosophie ne fait des merveilles que contre les maux passés ou contre ceux qui ne sont pas prêts d'arriver, mais elle n'a pas grande vertu contre les maux présents.

L 180. — La philosophie *triomphe aisément des* maux passés *et de* ceux qui ne sont pas prêts d'arriver, mais les maux présents *triomphent d*'elle.

I 25 – L 180, sauf la ponctuation « de ceux qui ne sont pas prêts d'arriver. Mais les maux présents ».

II à V 22 – I 25, sauf « des maux passés et *des maux à venir* ».

Maxime 32.

L 239. — La jalousie ne subsiste que dans les doutes et ne vit que dans de nouvelles inquiétudes; l'incertitude est sa matière.

I 35. — La jalousie ne subsiste que dans les doutes, l'incertitude est sa matière; *c'est une passion qui cherche tous les jours de nouveaux sujets d'inquiétude, et de nouveaux tourments; on cesse d'être jaloux dès qu'on est éclairci de ce qui causait la jalousie.*

II 32. — La jalousie *se nourrit* dans les doutes. C'est une passion qui cherche *toujours* de nouveaux sujets d'inquiétude, et de nouveaux tourments; *et elle devient fureur sitôt qu'on passe du doute à la certitude.*

III à V 32. — La jalousie se nourrit dans les doutes, et elle devient fureur, *ou elle finit*, sitôt qu'on passe du doute à la certitude.

Maxime 65.

L 55. — On élève la prudence jusqu'au ciel et il n'est sorte d'éloge qu'on ne lui donne; elle est la règle de nos actions et de nos conduites; elle est la maîtresse de la fortune; elle fait le destin des empires; sans elle on a tous les maux, avec elle on a tous les biens; et, comme disait autrefois un poète, quand nous avons la prudence, il ne nous manque aucune divinité, pour dire que nous trouvons dans la prudence tous les secours que nous demandons aux dieux. Cependant la prudence la plus consommée ne saurait nous assurer du plus petit effet du monde, parce que, travaillant sur une matière aussi changeante et inconnue qu'est l'homme, elle ne peut exécuter sûrement aucun de ses projets; Dieu seul, qui tient tous les cœurs des hommes entre ses mains, et qui, quand il lui plaît, en accorde les mouvements, fait aussi réussir les choses qui en dépendent; d'où il faut conclure que toutes les louanges dont notre ignorance et notre vanité flattent notre prudence sont autant d'injures que nous faisons à sa providence.

I 75. — On élève la prudence jusqu'au ciel, et il n'est sorte d'éloge qu'on ne lui donne : elle est la règle de nos actions et de *notre conduite*, elle est la maîtresse de la fortune, elle fait le destin des empires, sans elle on a tous les maux, avec elle on a tous les biens, et comme disait autrefois un poète, quand nous avons la prudence, il ne nous manque aucune divinité, pour dire que nous trouvons dans la prudence *tout le secours* que nous demandons aux dieux. Cependant la prudence la plus consommée ne saurait nous assurer du plus petit effet du monde, parce que travaillant sur une matière aussi changeante et *aussi* inconnue qu'est l'homme, elle ne peut exécuter sûrement aucun de ses projets : d'où il faut conclure que toutes les louanges dont *nous flattons* notre prudence *ne* sont *que des effets de notre amour-propre, qui s'applaudit en toutes choses, et en toutes rencontres* (omission de « Dieu seul... qui en dépendent »).

II 66, III et IV 65. — *Il n'y a point* d'*éloges* qu'on ne donne *à la prudence*. Cependant *quelque grande qu'elle soit elle* ne saurait nous assurer du *moindre événement*, parce qu'*elle travaille sur* l'homme, *qui est le sujet du monde le plus* changeant.

V 65. — Il n'y a point d'éloges qu'on ne donne à la prudence. Cependant elle ne saurait nous assurer du moindre événement.

Maxime 83.

L 22. — L'amitié la plus sainte et la plus sacrée n'est qu'un trafic où nous croyons toujours gagner quelque chose.

I 94. — L'amitié la plus *désintéressée* n'est qu'un trafic où *notre amour-propre se propose* toujours quelque chose *à* gagner.

II 82, III et IV 81. — L'amitié la plus désintéressée n'est qu'un *commerce* où notre amour-propre se propose toujours quelque chose à gagner.

V 83. — *Ce que les hommes ont nommé* amitié *n'est qu'une société, qu'un ménagement réciproque d'intérêts, et qu'un échange de bons offices;* ce n'est *enfin* qu'un commerce où *l'*amour-propre se propose toujours quelque chose à gagner.

Maxime 101.

L 133. — Il y a de jolies choses que l'esprit ne cherche point et qu'il trouve toutes achevées en lui-même, de sorte qu'il semble qu'elles y soient cachées comme l'or et les diamants dans le sein de la terre.

I 111 — L 133, sauf « Il y a *des* jolies choses », « en lui-même; il semble » (*de sorte que* supprimé).

II 102, III à V 101. — *Il arrive souvent que des* choses *se présentent plus* achevées *à notre esprit qu'il ne les pourrait faire avec beaucoup d'art.*

Maxime 103.

L 233. — On peut connaître son esprit, mais qui peut connaître son cœur?

I 113. — *Bien des gens connaissent leur esprit, qui ne connaissent pas leur* cœur.

II 104, III à V 103. — *Tous ceux qui* connaissent leur esprit ne connaissent pas leur cœur.

Maxime 116.

L 56. — Rien n'est plus divertissant que de voir deux hommes assemblés, l'un pour demander conseil, et l'autre pour le donner; l'un paraît avec une déférence respectueuse et dit qu'il vient recevoir des conduites et soumettre ses sentiments, et son dessein le plus souvent est de faire passer les siens et de rendre celui qu'il fait maître de son avis garant de l'affaire qu'il lui propose. Quant à celui qui conseille, il paye d'abord la sincérité de son ami d'un zèle ardent et désintéressé qu'il lui montre, et cherche en même temps dans ses propres intérêts des règles de conseiller, de sorte que son conseil lui est bien plus propre qu'à celui qui le reçoit.

I 118. — Rien n'est plus divertissant que de voir deux hommes assemblés, l'un pour demander conseil, et l'autre pour le donner :

l'un paraît avec une déférence respectueuse, et dit qu'il vient recevoir des *instructions pour sa conduite;* et son dessein, le plus souvent, est de faire *approuver ses sentiments,* et de rendre celui qu'il *vient consulter* garant de l'affaire qu'il lui propose. Celui qui conseille paye d'abord la *confiance* de son ami *des marques* d'un zèle ardent et désintéressé, et *il* cherche en même temps, dans ses propres intérêts, des règles de conseiller; de sorte que son conseil lui est bien plus propre qu'à celui qui le reçoit.

II 117. — Rien n'est *moins sincère* que *la manière* de demander et *de donner des conseils. Celui qui en demande* paraît *avoir* une déférence respectueuse *pour les* sentiments de son ami, *bien qu'il ne pense qu'à lui* faire approuver *les siens,* et *à le* rendre garant de *sa conduite. Et* celui qui conseille paye la confiance *qu'on lui témoigne* d'un zèle ardent et désintéressé, *quoiqu'il ne* cherche dans *les conseils qu'il donne que son propre intérêt ou sa gloire.*

III à V 116 — II 117, sauf « quoiqu'il ne cherche *le plus souvent* dans les conseils ».

Maxime 135.

L. 99. — Chaque homme n'est pas plus différent des autres hommes qu'il l'est souvent de lui-même.

I 137. — Chaque homme *se trouve quelquefois aussi* différent de lui-même qu'il l'est des autres.

II 136, III à V 135. — *On est* quelquefois aussi différent de *soi*-même *que* des autres.

Maxime 146.

Lettre 6. — On ne donne des louanges que pour en profiter.

L 154 et I 150. — On ne *loue* que pour *être loué.*

II 147, III à V 146. — On ne loue *d'ordinaire* que pour être loué.

Maxime 150.

L 136. — L'approbation que l'on donne à l'esprit, à la beauté et à la valeur les augmente et les perfectionne et leur fait faire de plus grands effets qu'ils n'auraient été capables de faire d'eux-mêmes.

I 155. — *La louange qu'on nous* donne *sert au moins à nous fixer dans la pratique des vertus.*

I 156. — L'approbation que l'on donne à l'esprit, à la beauté et à la valeur, les augmente, les perfectionne, et leur fait faire de plus grands effets qu'ils n'auraient été capables de faire d'eux-mêmes.

II 151 (fond les maximes I 155 et I 156). — *Le désir de mériter les louanges* qu'on nous donne *fortifie notre vertu; et celles* que l'on donne à l'esprit, à la valeur, et à la beauté, *contribuent à les augmenter.*

III 150 à V 150 — II 151.

Maxime 155.

L 166 et I 162 (2ᵉ état). — Comme il y a de bonnes viandes qui affadissent le cœur, il y a un mérite fade et des personnes qui dégoûtent avec des qualités bonnes et estimables.

II à V 155. — Il y a *des gens dégoûtants avec du* mérite, *et d'autres qui plaisent avec des défauts.*

Maxime 160.

Lettre 9 et G 160. — On se mécompte toujours quand les actions sont plus grandes que les desseins.

L 196 et I 167. — On se mécompte toujours *dans le jugement que l'on fait de nos* actions, quand *elles* sont plus grandes que *nos* desseins.

II à V 160. — *Quelque éclatante que soit une action, elle ne doit pas passer pour grande lorsqu'elle n'est pas l'effet d'un grand dessein.*

Maxime 166.

L 165. — Le monde, ne connaissant point le véritable mérite, n'a garde de pouvoir le récompenser; aussi n'élève-t-il à ses grandeurs et à ses dignités que des personnes qui ont de belles qualités apparentes et il couronne généralement tout ce qui luit quoique tout ce qui luit ne soit pas de l'or.

I 173, II à V 166. — Le monde *récompense plus souvent les apparences du* mérite *que le mérite même.*

Maxime 169.

Lettre 6. — Il faut avouer que la vertu, par qui nous nous vantons de faire tout ce que nous faisons de bien, n'aurait pas toujours la force de nous retenir dans les règles de notre devoir, si la paresse, la timidité ou la honte ne nous faisaient voir les inconvénients qu'il y a d'en sortir.

L 148. — La honte, la paresse, la timidité *ont souvent toutes seules le mérite* de nous retenir dans notre devoir, *pendant que notre* vertu *en a tout l'honneur.*

I 177. — Pendant que la paresse et la timidité ont seules le mérite de nous *tenir* dans notre devoir, notre vertu en a souvent tout l'honneur.

II à V 169 — I 177, sauf « Pendant que la paresse et la timidité nous *retiennent* dans notre devoir ».

Maxime 170.

Lettre 6 et L 155. — Il n'y a que Dieu qui sache si un procédé net, sincère et honnête est plutôt un effet de probité que d'habileté.

I 178. — Il n'y a *personne* qui sache si un procédé net, sincère et honnête, est plutôt un effet de probité que d'habileté.

II à V 170. — Il *est difficile de juger* si un procédé net, sincère et honnête est un effet de probité *ou* d'habileté.

Maxime 180.

L 92. — Notre repentir ne vient point de nos actions, mais du dommage qu'elles nous causent.

G 180 — L 92, sauf « ne vient point *du regret* de nos actions ».

I 189. — Notre repentir *n'est pas une douleur du mal que nous avons fait ; c'est une crainte de celui qui nous en peut arriver.*

II à V 180. — Notre repentir n'est pas *tant un regret* du mal que nous avons fait, *qu'*une crainte de celui qui nous en peut arriver.

Maxime 186.

L 118. — On hait souvent les vices, mais on méprise toujours le manque de vertu.

I 195. — On *peut haïr et mépriser* les vices, *sans haïr ni mépriser les vicieux ;* mais on *a* toujours *du mépris pour ceux qui manquent de* vertu.

II et III 186. — On peut haïr et mépriser les vices, sans haïr ni mépriser les vicieux; mais on *ne saurait ne point mépriser* ceux qui *n'ont aucune* vertu.

IV et V 186. — On *ne méprise pas tous ceux qui ont des* vices; mais on *méprise tous* ceux qui n'ont aucune vertu.

Maximes 191, 192, 193.

L 218. — On n'est pas moins exposé aux rechutes des maladies de l'âme que de celles du corps; nous croyons être guéris bien que le plus souvent ce ne soit qu'un relâche ou un changement de mal; quand les vices nous quittent, nous voulons croire que c'est nous qui les quittons; on pourrait presque dire qu'ils nous attendent sur le cours ordinaire de la vie comme des hôtelleries où il faut successivement loger, et je doute que l'expérience même nous en pût garantir s'il nous était permis de faire deux fois le même chemin.

G 191. — On pourrait presque dire que *les vices* nous attendent, *dans* le cours ordinaire de la vie, comme des hôtelleries où il faut *nécessairement* loger; et je doute que l'expérience même nous en pût garantir, s'il était permis de faire deux fois le même chemin.

G 192. — Quand les vices nous quittent, nous voulons *nous flatter* que c'est nous qui les quittons.

G 193. — On n'est pas moins exposé aux rechutes... (comme L 218, sauf : *une* relâche).

I 202. — On pourrait dire que les vices nous attendent dans le cours de la vie comme des *hôtes chez lesquels* il faut *successivement* loger ; et je doute que l'expérience nous *les fît éviter* s'il *nous* était permis de faire deux fois le même chemin.

I 203 – G 192.

I 204. — *Il y a des* rechutes *dans les* maladies de l'âme *comme dans* celles du corps. *Ce que nous prenons pour notre guérison n'est* le plus souvent qu'un relâche ou un changement de mal.

II à V 191   I 202, sauf « On *peut* dire », « des hôtes chez *qui* il faut ».

II à V 192. — Quand les vices nous quittent, nous *nous flattons de la créance* que c'est nous qui les quittons.

II à V 193 – I 204.

Maxime 204.

L 75. — La sévérité des femmes, c'est un ajustement et un fard qu'elles ajoutent à leur beauté, c'est comme un prix dont elles augmentent le leur, c'est enfin un attrait fin et délicat et une douceur déguisée.

I 216. — La sévérité des femmes est un ajustement et un fard qu'elles ajoutent à leur beauté. C'est un attrait fin et délicat, et une douceur déguisée.

II à V 204. — La sévérité des femmes est un ajustement et un fard qu'elles ajoutent à leur beauté.

Maxime 215.

L 54. — La parfaite valeur et la poltronnerie complète sont des extrémités où on arrive rarement ; l'espace qui est entre deux est vaste, et contient toutes les autres espèces de courage : il n'y a pas moins de différence entre eux qu'il y en a entre les visages et les humeurs ; cependant ils conviennent en beaucoup de choses. Il y a des hommes qui s'exposent volontiers au commencement d'une action, et qui se relâchent et se rebutent aisément par sa durée ; il y en a qui sont assez contents quand ils ont satisfait à l'honneur du monde et qui font fort peu de choses au delà. On en voit qui ne sont pas toujours également maîtres d'eux-mêmes. D'autres se laissent quelquefois entraîner à des épouvantes générales. D'autres vont à la charge pour n'oser demeurer dans leurs postes. Enfin il s'en trouve à qui l'habitude des moindres périls affermit le courage, et les prépare à s'exposer à de plus grands. Outre cela, il y a un rapport général que l'on remarque entre tous les courages des différentes espèces dont nous venons de parler, qui est que la nuit, augmentant la crainte et cachant les bonnes et les mauvaises actions, leur donne la liberté de se ménager. Il y a encore un autre ménage plus général qui, à parler absolument, s'étend sur toute sorte d'hommes : c'est qu'il n'y en a point qui fassent tout ce qu'ils seraient capables de faire dans une occasion s'ils avaient une certitude d'en revenir; de sorte qu'il est visible que la crainte de la mort ôte quelque chose à leur valeur et diminue son effet.

SL 60   L 54, sauf « où *l'*on arrive », « entre *les* deux », « il y a *plus* de différence entre *elles* », « *elles* conviennent », « qui ne sont pas toujours également maîtres *de leur peur* », « *emporter* à des épouvantes », « s'exposer à *des* plus grands », « un autre *ménagement* plus général », « à parler *plus* absolument », « *toutes sortes* d'hommes », « qui fassent ce qu'ils seraient capables de faire ».

I 228 (1ᵉʳ état) — SL 60, sauf « où *on* arrive », « il *n'y a pas moins* de différence entre *eux* », « *ils* conviennent », « qui ne sont pas également », « *entraîner* à des épouvantes générales », « s'exposer à *de* plus grands », « les courages *de* différentes espèces », « à parler absolument », « qui fassent *tout* ce qu'ils seraient capables de faire », « De sorte que la crainte ».

I 228 (2ᵉ état) — I 228 (1ᵉʳ état), sauf « sont *deux* extrémités », « l'espace qui est *entre-deux* est vaste », « il n'y a pas moins de différence entre *elles* », « cependant *elles* conviennent », « on en voit qui ne sont pas *toujours* également maîtres », « s'exposer à de plus grands ». *Il y en a encore qui sont braves à coups d'épée, qui ne peuvent souffrir les coups de mousquets; et d'autres y sont assurés, qui craignent de se battre à coups d'épée.* Outre cela », « ce qu'ils seraient capables de faire dans une *action* », « De sorte qu'*il est visible* que la crainte de la mort ».

II à V 215. — La parfaite valeur et la poltronnerie complète sont deux extrémités où *l'*on arrive rarement. L'espace qui est entre-deux est vaste, et contient toutes les autres espèces de courage : il n'y a pas moins de différence entre elles *qu'entre* les visages et les humeurs. Il y a des hommes qui s'exposent volontiers au commencement d'une action, et qui se relâchent et se rebutent aisément par sa durée. Il y en a qui sont contents quand ils ont satisfait à l'honneur du monde, et qui font fort peu de chose au-delà. On en voit qui ne sont pas toujours également maîtres de leur peur. D'autres se laissent quelquefois entraîner à des *terreurs* générales. D'autres vont à la charge *parce qu'ils n'osent* demeurer dans leurs postes. Il s'en trouve à qui l'habitude des moindres périls affermit le courage et les prépare à s'exposer à de plus grands. Il y en a qui sont braves à coups d'épée, *et qui craignent* les coups de mousquet; d'autres sont assurés *aux coups* *de mousquet, et appréhendent* de se battre à coups d'épée. Tous *ces* courages de différentes espèces *conviennent en ce* que la nuit augmentant la crainte et cachant les bonnes et les mauvaises actions, *elle* donne la liberté de se ménager. Il y a encore un autre ménagement plus général ; *car on ne voit* point *d'homme* qui *fasse* tout ce qu'*il serait capable* de faire dans une *occasion s'il était assuré* d'en revenir. De sorte qu'il est visible que la crainte de la mort ôte quelque chose *de la* valeur.

Maxime 226.

L 230. — On est souvent reconnaissant par principe d'ingratitude.

I 240, II à V 226. — *Le trop grand empressement qu'on a de s'acquitter d'une obligation est une espèce d*'ingratitude.

Maxime 231.

G 231. — On est fou de vouloir être sage tout seul.

II à V 231. — *C'est une grande folie* de vouloir être sage tout seul.

Maxime 236.

L 52. — Qui considérera superficiellement tous les effets de la bonté qui nous fait sortir de nous-mêmes, et qui nous immole continuellement à l'avantage de tout le monde, sera tenté de croire que, lorsqu'elle agit, l'amour-propre s'oublie et s'abandonne lui-même, et même qu'il se laisse dépouiller et appauvrir sans s'en apercevoir, en sorte qu'il semble que la bonté soit la niaiserie et l'innocence de l'amour-propre. Cependant la bonté est en effet le plus prompt de tous les moyens dont l'amour-propre se sert pour arriver à ses fins ; c'est un chemin dérobé par où il revient à lui-même plus riche et plus abondant ; c'est un désintéressement qu'il met à une furieuse usure ; c'est enfin un ressort délicat avec lequel il remue, il dispose et tourne tous les hommes en sa faveur.

G 236 — L 52, sauf « sortir *hors* de », « et s'abandonne lui-même, *ou* se laisse dépouiller », « cependant la bonté est le plus prompt », « avec lequel il *réunit*, il dispose ».

I 250 — G 236, sauf « sans s'en apercevoir, *de* sorte qu'il semble que *l'amour-propre soit la dupe de la bonté :* cependant *c'est* le plus *utile* de tous les moyens ».

II à V 236. — Il semble que l'amour-propre soit la dupe de la bonté, *et qu'il s'oublie lui-même lorsque nous travaillons pour l'avantage des autres.* Cependant c'est *prendre le chemin* le plus *assuré* pour arriver à ses fins ; c'est *prêter à usure sous prétexte de donner ;* c'est enfin *s'acquérir tout le monde par un moyen subtil et* délicat.

Maxime 246.

L 40. — La générosité c'est un désir de briller par des actions extraordinaires, c'est un habile et industrieux emploi du désintéressement, de la fermeté en amitié, et de la magnanimité, pour aller promptement à une grande réputation.

G 246 = L 40, sauf « La générosité est un désir », « pour aller *plus tôt à un plus grand intérêt* ».

I 268. — La générosité est un industrieux emploi du désintéressement pour aller plus tôt à un plus grand intérêt.

II à V 246. — *Ce qui paraît* générosité *n'est souvent qu'une ambition déguisée qui méprise de petits intérêts, pour aller à de plus grands.*

Maxime 252.

Lettre 14 et G 252. — Le goût change mais l'inclination ne change point.

L 272 et I 275. — *Il est aussi ordinaire de voir changer les goûts qu'il est rare de voir changer les inclinations.*

II à V 252 = I 275, sauf « qu'il est *extraordinaire* ».

Maxime 254.

L 53. — L'humilité est une feinte soumission que nous employons pour soumettre effectivement tout le monde; c'est un mouvement de l'orgueil par lequel il s'abaisse devant les hommes pour s'élever sur eux; c'est son plus grand déguisement, et son premier stratagème; certes, comme il est sans doute que le Protée des fables n'a jamais été, il est un véritable dans la nature, car il prend toutes les formes comme il lui plaît; mais, quoiqu'il soit merveilleux et agréable à voir sur toutes ses figures et dans toutes ses industries, il faut pourtant avouer qu'il n'est jamais si rare ni si plaisant que lorsqu'on le voit sous la forme et sous l'habit de l'humilité; car alors on le voit les yeux baissés, sa contenance est modeste et reposée, ses paroles douces et respectueuses, pleines de l'estime des autres et de dédain pour lui-même; il est indigne de tous les honneurs, il est incapable d'aucun emploi, et ne reçoit les charges où on l'élève que comme un effet de la bonté des hommes et de la faveur aveugle de la fortune.

I 277. — L'humilité *n'*est *souvent qu'*une feinte soumission que nous employons pour soumettre effectivement tout le monde; c'est un mouvement de l'orgueil, par lequel il s'abaisse devant les hommes pour s'élever sur eux; c'est *un* déguisement, et son premier stratagème; mais *quoique ces changements soient presque infinis, et qu'*il soit *admirable sous* toutes *sortes de* figures, il faut avouer *néanmoins* qu'il n'est jamais si rare ni si *extraordinaire* que lorsqu'*il se cache* sous la forme et sous l'habit de l'humilité; car alors on le voit les yeux baissés, *dans une* contenance modeste et reposée; *toutes* ses paroles sont douces et respectueuses, pleines d'estime *pour les* autres et de dédain pour lui-même; *si on l'en veut croire*, il est indigne de tous les honneurs, il *n*'est *capable* d'aucun emploi, *il* ne reçoit les charges où on l'élève que comme un effet de la bonté des hommes, et de la faveur aveugle de la fortune. *C'est l'orgueil qui joue tous ces personnages que l'on prend pour l'humilité.*

II à V 254. — L'humilité n'est souvent qu'une feinte soumission, *dont on se sert* pour soumettre *les autres;* c'est un *artifice* de l'orgueil *qui* s'abaisse pour s'élever; et *bien qu'il se transforme en mille manières*, il n'est jamais *mieux déguisé et plus capable de tromper* que lorsqu'il se cache sous *la figure* de l'humilité.

Maxime 266.

L 84. — On s'est trompé quand on a cru, après tant de grands exemples, que l'ambition et l'amour triomphaient toujours des autres passions; c'est la paresse, toute languissante qu'elle est, qui en est le plus souvent la maîtresse : elle usurpe insensiblement sur tous les desseins et sur toutes les actions de la vie, et enfin elle émousse et éteint toutes les passions et toutes les vertus.

G 266   L 84, sauf « l'ambition et l'amour *triomphent* », « de la vie; enfin elle émousse » (sans *et*).

SL 54   L 84, sauf « l'amour et l'ambition triomphent », « de la vie; elle *y détruit et y consomme* toutes les passions ».

I 289. — On s'est trompé quand on a cru *qu'il n'y avait que les violentes passions, comme* l'ambition et l'amour, *qui pussent triompher* des autres. La paresse, toute languissante qu'elle est, *ne laisse pas d'en être* souvent la maîtresse; elle usurpe sur tous les desseins et sur toutes les actions de la vie; elle y détruit et y consomme *insensiblement* toutes les passions et toutes les vertus.

II à V 266   I 289, sauf « *C'est se tromper que de croire* qu'il n'y *ait* que les violentes passions », « qui *puissent* triompher », « elle y détruit et y *consume* insensiblement *les* passions et *les* vertus ».

Maxime 271.

L 250 et I 295. — La jeunesse est une ivresse continuelle; c'est la fièvre de la santé, c'est la folie de la raison.

II 271   I 295, sauf « c'est la fièvre de la *vie*, c'est la folie de la raison ».

III à V 271. — La jeunesse est une ivresse continuelle : c'est la fièvre de la raison.

Maxime 293.

L 70. — Qui ne rirait de la modération, et de l'opinion qu'on a conçue d'elle ? Elle n'a garde (ainsi qu'on croit) de combattre et de soumettre l'ambition, puisque jamais elles ne se peuvent trouver ensemble, la modération n'étant véritablement qu'une paresse, une langueur et un manque de courage, de manière qu'on peut justement dire que la modération est la bassesse de l'âme comme l'ambition en est l'élévation.

I 17. — *La modération, dans la plupart des hommes,* n'a garde de combattre et de soumettre l'ambition, puisqu'elles ne se peuvent trouver ensemble, la modération n'étant *d'ordinaire* qu'une paresse, une langueur, et un manque de courage : de manière qu'on peut justement dire *à leur égard* que la modération est *une* bassesse de l'âme, comme l'ambition en est l'élévation.

II à V 293. — La modération *ne peut avoir le mérite* de combattre l'ambition et de *la* soumettre : elles ne se *trouvent jamais* ensemble. La modération *est la* langueur et *la paresse* de l'âme, comme l'ambition en est *l'activité et l'ardeur.*

Maxime 297.

L 50. — Nous ne nous apercevons que des emportements et des mouvements extraordinaires de nos humeurs, comme de la violence, de la colère, etc., mais personne quasi ne s'aperçoit que ces humeurs ont un cours ordinaire et réglé qui meut et tourne doucement et imperceptiblement notre volonté à des actions différentes ; elles roulent ensemble, s'il faut ainsi dire, et exercent successivement leur empire, de sorte qu'elles ont une part considérable à toutes nos actions, dont nous croyons être les seuls auteurs.

G 297 = L 50, sauf « de nos humeurs, *et de notre tempérament,* comme de la violence », « et exercent successivement *un* empire *secret en nous-mêmes* », « *en* toutes nos actions ».

I 48 = G 297, sauf « de la violence de la colère » (sans virgule avant *colère* ni *etc.* après), « tourne imperceptiblement notre volonté », « *sans que nous le puissions reconnaître* » (au lieu de « dont nous croyons être les seuls auteurs »).

II à V 297. — *Les* humeurs *du corps* ont un cours ordinaire et réglé qui meut et *qui* tourne imperceptiblement notre volonté ; elles roulent ensemble et exercent successivement un empire secret en *nous :* de sorte qu'elles ont une part considérable *à* toutes nos actions, sans que nous le puissions *connaître.*

Maxime MS 25 (GEF 594).

L 190. — Dieu a mis des talents différents dans l'homme comme il a planté de différents arbres dans la nature, en sorte que chaque talent de même que chaque arbre a ses propriétés et ses effets qui lui sont tous particuliers ; de là vient que le poirier le meilleur du monde ne saurait porter les pommes les plus communes, et que le talent le plus excellent ne saurait produire les mêmes effets des talents les plus communs ; de là vient encore qu'il est aussi ridicule de vouloir faire des sentences sans en avoir la graine en soi que de vouloir qu'un parterre produise des tulipes quoiqu'on n'y ait point semé les oignons.

I 138. — Chaque talent *dans les hommes,* de même que chaque arbre, a ses propriétés et ses effets qui lui sont tous particuliers.

Maxime MS 33 (GEF 605).

L 45. — Dieu seul fait les gens de bien et on peut dire de toutes nos vertus ce qu'un poète a dit de l'honnêteté des femmes : *L'essere honesta non é se non un arte de parer honesta.*

I 176. — On peut dire de toutes nos vertus ce qu'un poète *italien* a dit de l'honnêteté des femmes, *que ce n'est souvent autre chose qu'un art de paraître honnête.*

NOTE BIBLIOGRAPHIQUE

Éditions.

Pour les éditions anciennes, de 1664 à 1812, on consultera Jean Marchand, *Bibliographie générale raisonnée de La Rochefoucauld,* Paris, Giraud-Badin, 1948.

Dans les *Œuvres de La Rochefoucauld,* collection des Grands Écrivains de la France, Hachette, 1868-1883, 4 volumes et un album, les *Maximes* et les *Réflexions diverses* occupent le tome I (1868, D. L. Gilbert) et son Appendice (1883, A. Regnier). Édition confuse, qui a longtemps fait loi, mais qui est maintenant dépassée.

La Rochefoucauld, *Maximes suivies des Réflexions diverses,* p. p. Jacques Truchet, Garnier, 1967 (3e édition revue et augmentée, 1983). Les rapports de l'éd. Truchet et de celle-ci sont précisés dans notre Note de l'éditeur, p. 28-32.

La maxime, genre et forme.

C. ROSSO, *La « Maxime ». Saggi per una tipologia critica,* Naples, E.S.I., 1968.
J.-M. MARTIN et J. MOLINO, « Introduction à l'analyse sémiologique des Maximes de L .R. », in J. C. GARDIN *et al., La Logique du plausible,* Paris, La Maison des Sciences de l'homme, 1981.
M. NEMER, « Les intermittences de la vérité. Maxime, sentence ou aphorisme... », *Studi francesi,* 78, septembre-décembre 1982.
Les Formes brèves de la prose et le discours discontinu (XVIe-XVIIe siècle), p. p. J. Lafond, Paris, Vrin, 1984.

L'interprétation des Maximes.

H. COULET, « La Rochefoucauld ou la peur d'être dupe », in *Hommage au doyen Gros,* Gap, 1959.
M. KRUSE, *Die Maxime in der Französischen Literatur. Studien zum Werk La Rochefoucaulds und seiner Nachfolger,* Hambourg, 1960.

R. BARTHES, *Introduction* à l'édition des *Maximes*, Club Français du Livre, Paris, 1961.

J. STAROBINSKI, « La Rochefoucauld et les morales substitutives », *N.R.F.*, juillet-août 1966.

P. BÉNICHOU, « L'intention des *Maximes* », in *L'Écrivain et ses travaux*, Paris, José Corti, 1967.

Ph. SELLIER, « La Rochefoucauld, Pascal, saint Augustin », *R.H.L.F.*, mai-août 1969.

E. D. JAMES, « Scepticism and positive values in La Rochefoucauld », *French Studies*, octobre 1969.

J. LAFOND, *La Rochefoucauld. Augustinisme et littérature*, Paris, Klincksieck, 1977 (3ᵉ édition, revue et corrigée, bibliographie mise à jour, 1986).

V. THWEATT, *La Rochefoucauld and the Seventeenth-Century Concept of the self*, Genève, Droz, 1980.

O. ROTH, *Die Gesellschaft der Honnêtes Gens. Zur sozialetischen Grundlegung des honnêteté-Ideals bei L. R.*, Heidelberg, Carl Winter, 1981.

L. VAN DELFT, *Le Moraliste classique. Essai de définition et de typologie*, Genève, Droz, 1982.

Images de La Rochefoucauld, p. p. J. Lafond et J. Mesnard, Paris, P.U.F., 1984 (la réception des *Maximes* en France et à l'étranger — Le mémorialiste et le mondain — L. R. et Port-Royal).

C. ROSSO, *Procès à La Rochefoucauld et à la maxime*, Pisa, Libreria Goliardica et Paris, Nizet, 1986 (substantielle bibliographie critique, p. 233-246).

NOTES

Le libraire au lecteur.

Page 41.

1. Nous n'avons pas jugé nécessaire de donner la table de l'édition de 1678, qui est incomplète et contient des erreurs : on se reportera à notre *Index des principaux thèmes*.

Cet avis du libraire reprend à peu près l'*Avis au lecteur* de la deuxième édition. On le comparera à l'*Avis au lecteur* de 1665, plus explicite, qu'on trouvera dans les documents.

Réflexions morales

Page 43.

2. Voir les différents états de l'épigraphe dans les *Variantes*. Elle n'apparaît qu'à la quatrième édition.

3. Image courante au XVIIe siècle, exploitée par la géographie précieuse de la *Carte de Tendre*, où Mlle de Scudéry place à la limite du pays de Tendre les *terrae incognitae* des anciens portulans.

Page 45.

4. Cette maxime fut, au départ, une maxime de Jacques Esprit, comme le prouve une lettre de Mme de Maure à Mme de Sablé. Dans sa forme initiale (L 164, *Variantes*), elle représente une application assez étroite du *caritas sola non peccat* (la charité seule ne pèche pas) de saint Augustin.

Page 46.

5. La maxime 16 complète ou corrige la maxime 15, d'inspiration plus nettement machiavéliste. On ne peut pas ne pas songer ici aux motivations d'Auguste dans *Cinna*.

6. La constance est la vertu majeure du sage stoïcien. Des maximes 14 à 26, La Rochefoucauld critique successivement différentes vertus pratiquées par la sagesse antique, et objets de différents traités de Sénèque.

Page 48.

7. Maxime célèbre, qui annonce la réflexion finale sur le mépris de la mort. Gide en critique l'idée dans son *Journal* (1889-1939, p. 803). Il ne s'agit pas de nier la possibilité du courage devant la mort mais de l'impossibilité où nous sommes de « l'envisager » (max. 21), de la regarder en face « avec toutes ses circonstances » (max. 504).

Page 49.

8. L'ironie de cette maxime tient à ce qu'elle semble justifier l'orgueil, pourtant inséparable de l'amour-propre. Le thème de l'utilité paradoxale du Mal se trouve déjà, à propos de la « présomption », dans les *Essais* de Montaigne (II, xii, p. 489, éd. Villey-Saulnier).

Page 50.

9. Mme de Sévigné écrit à sa fille, la cartésienne Mme de Grignan (14 juillet 1680) : « Vous dites mille fois mieux que M. de La Rochefoucauld [...] *Nous n'avons pas assez de raison pour employer toute notre force*. Il serait honteux, ou du moins l'aurait dû être de voir qu'il n'y avait qu'à retourner sa maxime pour la faire beaucoup plus vraie. »

10. On rapprochera cette maxime d'un passage du *Discours de la Méthode*, VI, où Descartes insiste sur le rapport étroit de l'esprit et de « la disposition des organes du corps ».

Page 54.

11. Cf. les *Variantes* : on y verra la condensation extrême qu'a subie cette maxime, et, selon une pratique à peu près constante, l'élimination, en vue de la publication, de son arrière-plan religieux.

12. Maxime obscure, même pour les contemporains. Voir ce qu'en dit Corbinelli dans une lettre de Mme de Sévigné à Bussy-Rabutin du 28 décembre 1678. Pour Bussy, le sens est clair : « le corps sans la bonne grâce est aussi désagréable que l'esprit sans le bon sens. »

Page 55.

13. Apportant un correctif à la maxime précédente, cette réflexion se présentait dans les manuscrits sous une forme affirmative : « Il n'y a point d'amour pure... que celle qui est cachée... » Transposant au plan de la passion la conception que se font alors de l'« amour pur » les spirituels, La Rochefoucauld sépare ici conscience et authenticité du sentiment : si la conscience est commandée par les forces obscures de l'amour-propre (cf. MS 1), il ne peut y avoir d'amour vrai que celui dont nous ne sommes pas conscients.

14. Cf. la maxime 80 de Mme de Sablé.

Page 56.

15. Allusion au peu de pouvoir qui était laissé au Doge de Venise par l'aristocratie très fermée qui dirigeait la ville. Cette impuissance relative du Doge était devenue proverbiale.

Page 57.

16. La maxime 81 ne date que de la cinquième édition et constitue la synthèse des deux directions essentielles de la morale de La Rochefoucauld : la constatation de l'omniprésence de l'amour-propre, et l'obligation de surmonter l'amour-propre pour atteindre à un sentiment authentique.

17. On a parfois voulu opposer à la conception de l'amitié proposée ici celle de Mme de Sablé. On se reportera aux maximes 77 et 78 de cette dernière pour constater qu'il y a en fait identité de vues. La même critique d'une amitié « trafic » ou « commerce » se retrouve chez le Père Senault et chez J. Esprit.

Page 59.

18. Allusion à l'anecdote de Thrasyllos, racontée par Athénée et Élien, et reprise par Montaigne, qui entend dénoncer par cet exemple le privilège trop rapidement accordé à la conscience de soi (*Essais*, II, xii, p. 495, éd. Villey-Saulnier) : paradoxe, ici encore, que cette collaboration efficace de l'ignorance au bonheur de l'homme.

Page 60.

19. Maxime célèbre, qu'on rapprochera des pensées de Pascal sur le « cœur » (Brunschvicg 276, 277 ; Lafuma 983, 423 ; Le Guern [Folio] 759, 397) et le sentiment (Br. 252 ; Laf. 821 ; Le Guern 671). L'antithèse *raison/cœur* fonde chez Pascal la rhétorique de l'« art d'agréer » dans l'essai *De l'esprit géométrique*.

Page 63.

20. Ce thème du déguisement se retrouve chez Pascal (Brunschvicg 100 et 377; Lafuma 978 et 655; Le Guern 758 et 554).

Page 65.

21. « Faire l'amour », selon Furetière, cité par J. Truchet, se dit d'une femme qui « se laisse aller à quelque galanterie illicite ».

22. Le thème est déjà chez Montaigne : « Nous sommes tous de lopins... Et se trouve autant de différence de nous à nous-mêmes que de nous à autrui » (*Essais*, II, 1).

Page 66.

23. Cf. la maxime 31 de Mme de Sablé et La Bruyère (*De la société et de la conversation*, 67).

Page 71.

24. L'espérance est ici une « passion ». Comme l'écrit le Père Senault, « il semble que la Nature nous ait donné deux passions pour nous conseiller dans les diverses rencontres de notre vie, l'Espérance et la Crainte » (*De l'usage des passions*, IV, IV). On rapprochera également ce passage de Senault de la maxime 36.

25. Maxime et image célèbres. On se rappellera que l'intérêt peut, selon l'avis au lecteur, être un intérêt « de bien » ou « d'honneur ».

Page 72.

26. Cette maxime, qui renouvelle le thème baroque de l'inconstance, trouve son prolongement dans la conception de l'amour chez Proust : « Car ce que nous croyons notre amour, notre jalousie, n'est pas une même passion continue, indivisible. Ils se composent d'une infinité d'amours successifs, de jalousies différentes et qui sont éphémères, mais par leur multitude ininterrompue donnent l'impression de la continuité, l'illusion de l'unité » (*Du côté de chez Swann*, éd. Clarac et Ferré, t. I, p. 372).

Page 73.

27. On a voulu voir dans cette réflexion l'expression de l'épicurisme des *Maximes* : l'auteur conseillerait ici d'utiliser le vice à la construction de la vertu. Le paradoxe de l'utilité du Mal (cf. la maxime 36) se rencontre en fait aussi bien chez Montaigne (III, 1) que chez le Père Senault, l'image des poisons devenus remèdes venant de saint Augustin. Le thème est en effet augustinien et relève de l'idée qu'il « n'y a rien d'inutile en nature », comme dit Montaigne, pas même le Mal ni les péchés.

Page 76.

28. « Monsieur le Prince » est Condé. La *Réflexion diverse* XIV contient un parallèle de Condé et de Turenne.

29. Cf. la maxime 40 de Mme de Sablé.

30. *Se piquer de* signifie *se vanter de*. L'honnêteté se définit donc d'abord par le refus du paraître : voir à cet égard les *Réflexions diverses*.

Page 77.

31. Mme de Sévigné fait allusion à cette maxime dans une lettre à sa fille du 10 février 1672, et sans doute aussi dans celles des 1er et 4 mars suivants. Mme de Grignan s'y montre trop rationaliste pour admettre que la sagesse doive faire quelque place à la folie.

Page 79.

32. Maxime empruntée au pasteur Du Moulin : « Toute l'hypocrisie du monde est un hommage que le vice rend à la vertu » (*Traité de la paix de l'âme...*, Sedan, 1660). Rousseau en fait la critique dans sa *Réponse au roi de Pologne* : « cette pensée a beau être brillante, ... elle n'en est pas plus juste. » Dans son commentaire, Rousseau moralise en ne tenant aucun compte de l'ironie de la maxime.

Page 81.

33. Mme de Sablé parle, dans sa maxime 18, de « la malignité naturelle qui est en nous ». Voir également Pascal (Brunschvicg 407 ; Lafuma 537 ; Le Guern 473).

Page 82.

34. Gracián conseille dans l'*Oráculo manual* d'« être plutôt fou avec tous que sage tout seul » (maxime 47).

Page 86.

35. Cf. les *Variantes* : la première version (L 53) est à rapprocher, par son thème et par son style, du morceau sur l'amour-propre qui fut placé en tête de la première édition (MS 1). Les métaphores sur le déguisement et l'évocation de Protée lui confèrent le caractère « baroque » de MS 1, et assimilent les conduites de l'orgueil à celles de l'amour-propre.

Page 87.

36. Les manuscrits et même le premier état de 1665 (I 284) portent : « L'éducation que l'on *donne aux princes...* »

Page 88.

37. Cf. la maxime 41 de Mme de Sablé, et Montaigne :
« L'affirmation et l'opiniâtreté sont signes exprès de bêtise »
(*Essais*, III, xiii).

Page 90.

38. Lieu commun venu d'Ovide (*Remèdes d'amour*, v. 807-809)
et qu'on trouve chez Guazzo, F. de Sales, *L'Astrée* et Bussy-
Rabutin. D'une façon plus générale, un certain nombre de
réflexions sur l'amour doivent être situées dans le contexte des
« questions » et « maximes d'amour » qu'ont pratiquées la littérature et les milieux mondains, du Moyen Age au xviie siècle.

Page 93.

39. L'impossibilité où nous sommes, par suite de l'opacité du
moi, de connaître nos véritables désirs (cf. la maxime 460), a été
mise particulièrement en valeur par les augustiniens du
xviie siècle, de Saint-Cyran à Nicole, qui pressentent ainsi la
notion moderne d'un inconscient psychologique.

Page 94.

40. La médecine du temps distingue sous le nom d'*humeurs* les
quatre liquides qu'on suppose être à l'origine des tempéraments :
le flegme (ou pituite), le sang, la bile (ou bile jaune), la bile noire
(ou mélancolie). De là les tempéraments flegmatique, sanguin,
bilieux et mélancolique.

Page 103.

41. L'emploi du terme de « vertus chrétiennes » implique que,
comme le fera de façon trop systématique Jacques Esprit dans
son traité *De la fausseté des vertus humaines*, La Rochefoucauld
oppose aux vertus chrétiennes, seules authentiques, les vertus
humaines, vertus apparentes qui peuvent avoir leur utilité (cf. les
maximes 150 et 200) mais qui ne sont pas, en leur principe,
bonnes et véritables.

Page 106.

42. Une lettre de Mme de Lafayette à Lescheraine, du
14 juin 1679, nous apprend qu'elle est l'auteur de cette maxime.

Page 109.

43. La maxime 399 rappelle les maximes 26 et 27 de Mme de
Sablé, écrites en marge des réflexions 42 et 122 de l'*Oráculo
manual* de Gracián.

Page 111.

44. L'édition de 1678 donne : « quand on n'a *qu'une* sorte d'esprit. » Nous adoptons, après J. Truchet, le texte des *Nouvelles Réflexions morales* (cf. l'*Histoire du texte*).

Page 112.

45. L'édition de 1678 donne une leçon moins bonne : « nous sert *quelquefois hardiment* à faire des sottises. » Comme pour la maxime 413, nous suivons les *Nouvelles Réflexions morales.*

Page 113.

46. Le sens de cette maxime est explicité dans une lettre à Mᵐᵉ de Sablé du 2 août 1675 où l'auteur écrit : « Je sais bien que le bon sens et le bon esprit convient à tous les âges, mais les goûts n'y conviennent pas toujours et ce qui sied bien en un temps ne sied pas bien en un autre. C'est ce qui me fait croire que peu de gens savent être vieux. »

Page 114.

47. Une lettre de Mᵐᵉ de Lafayette à Mᵐᵉ de Sévigné, du 14 juillet 1673, semble faire écho à cette maxime : « Voici une question entre deux maximes : *On pardonne les infidélités, mais on ne les oublie point. On oublie les infidélités, mais on ne les pardonne point.* Aimez-vous mieux avoir fait une infidélité à votre amant que vous aimez pourtant toujours ; ou qu'il vous en ait fait une et qu'il vous aime aussi toujours ?

« On n'entend pas par *infidélité* avoir quitté pour une autre, mais avoir fait une faute considérable. »

Page 116.

48. On a parfois voulu reconnaître aux maximes 42, 130, 316 et 445 l'accent « prénietzschéen » d'une « éthique de la force » (J. Starobinski). Pour Mᵐᵉ de Sablé, la maxime 445 admet une explication beaucoup moins philosophique : cette maxime, écrit-elle à l'auteur, « est bien vraie, car le vice se peut corriger par l'étude de la vertu et la faiblesse est du tempérament, qui ne se peut quasi jamais changer » (lettre 48 de l'édition J. Truchet).

Page 117.

49. L'édition de 1678 donne : « s'appliquer *et* faire naître. » Les *Nouvelles Réflexions morales* corrigent ce qui était manifestement une erreur.

Page 118.

50. Cf. les maximes 19 et 20 de Mᵐᵉ de Sablé

Page 119.

51. Les *Nouvelles Réflexions morales* donnent : « celle qui *fait* le moins *de mal* ». L'édition G.E.F. et l'édition Truchet gardent le texte de la 5ᵉ édition, qui nous semble également préférable.

Page 123.

52. C'est un lieu commun des moralistes classiques que d'associer (max. 266) ou de dissocier amour et ambition. Dans le prolongement de cette maxime 490, l'anonyme *Discours sur les passions de l'amour,* né peut-être dans un milieu proche de celui de Mᵐᵉ de Sablé, dit : « qu'une vie est heureuse quand elle commence par l'amour et finit par l'ambition! ». Le même thème se rencontre chez La Bruyère, *Les Caractères, Du cœur,* 76.

Page 124.

53. Maxime trop rarement citée, alors qu'elle suppose, comme les maximes 119, 295 et 460, l'intervention d'un inconscient qui ne soit pas celui, tout biologique et qu'admettait Descartes, des *humeurs.* C'est l'ambivalence — ou l'équivoque? — de la notion d'amour-propre qui veut qu'il soit assimilable tantôt à une sous-conscience tantôt à une surconscience.

Page 128.

54. Dans toutes les éditions, cette réflexion a servi de clôture à l'ensemble du recueil, dont elle définit la ligne directrice dans sa formule de liaison : il s'agit, ici comme chez Jacques Esprit, de dénoncer « la fausseté de tant de vertus apparentes ». Même si, pour la méthode et pour le style, la *Fausseté des vertus humaines* et les *Maximes* n'ont rien de comparable, leur inspiration commune est bien celle de l'augustinisme du XVIIᵉ siècle, dans sa critique de la « vertu des païens » ou de la vertu « naturelle ».

Maximes supprimées

Page 129.

55. Texte publié anonymement dans un des recueils de Sercy, en fin 1659, avec une lettre d'envoi « à Mademoiselle*** ». Jacqueline Plantié a montré qu'il s'agissait là de Mˡˡᵉ d'Épernon, amie de Mᵐᵉ de Longueville et l'une des Carmélites les plus en vue (*R.H.L.F.,* juillet-août 1971). La critique de l'amour-propre chez les « gens de piété qui lui font la guerre » (leçon du manuscrit de Liancourt, L 94) a par là peu de chance de relever

d'une position libertine. C'est la reprise sur le mode littéraire d'un thème cher aux spirituels du XVIIᵉ siècle, de sainte Catherine de Gênes à François de Sales et à Bérulle.

Page 133.

56. Cf. la maxime 79 de Mᵐᵉ de Sablé. Le motif est d'origine scolastique : l'âme de l'amant « *magis est ubi amat quam ubi animat* ».

Page 135.

57. Cf. Montaigne, *Essais*, II, XII : « De quoi se fait la plus subtile folie, que de la plus subtile sagesse ? »

Page 137.

58. Ce poète italien est Guarini, qui dans le *Pastor Fido* (III, 5) fait dire à l'un de ses personnages, Corisca, que « l'honnêteté n'est autre chose qu'un art de paraître honnête ».

Page 138.

59. Le thème vient de saint Augustin, déjà cité par Montaigne (*Essais*, I, III).

Page 144.

60. Cette maxime est sans doute à l'origine de l'épigraphe : « Nos vertus ne sont, le plus souvent, que des vices déguisés », mais elle aurait subsisté dans la quatrième édition, alors qu'était introduite l'épigraphe.

61. La formule, si critique à l'égard des puissants et des conquérants, vient, comme MS 38, de saint Augustin : « *Remota justitia, quid sunt regna nisi magna latrocinia* » (Sans justice, que sont les royaumes sinon de vastes brigandages ?) (*La Cité de Dieu*, IV, 4).

Maximes écartées

Page 148.

62. Simple traduction de Sénèque (*De brevitate vitae*, II, 4).

Page 149.

63. De cette maxime, Mᵐᵉ de Sablé dit dans une lettre (lettre 11 de l'édition Truchet) : « je ne l'entends pas assez. » Plutôt que de la développer, l'auteur a préféré l'éliminer.

64. Cf. la maxime 72 de Mᵐᵉ de Sablé.

Page 151.

65. Nous donnons cette maxime dans la version des copies de 1663 (SL 2), l'édition hollandaise (H 6), qui porte : « Si on avait ôté *à* ce *qu'on* appelle », étant moins sûre que les copies de 1663.

Page 152.

66. Cette maxime et la suivante ne se rencontrent que dans l'édition de Hollande, ce qui laisse subsister un doute sur leur authenticité. De là l'emploi que nous faisons de l'italique.

Page 153.

67. Les maximes ME 31 et ME 32 sont inédites, et nous renvoyons pour leur attribution à La Rochefoucauld à l'appendice de notre *La Rochefoucauld...*, -p. 246, où nous traitons de la troisième édition. Nous les donnons en italique, puisqu'on ne les rencontre pas dans les manuscrits connus de l'auteur.

Page 156.

68. Texte inspiré des *Mémoires de la vie de Henriette-Sylvie de Molière* de Mⁿᵉ de Villedieu : « Qu'une femme est folle quand elle aime! Ou qu'elle est malheureuse quand elle a de la vertu et de l'amour! » (Iʳᵉ partie, 1671, p. 24).

Page 157.

69. Nous avons dit dans la *Note de l'éditeur*, pourquoi nous ne donnions pas à la suite de MP 58 (notre ME 57) les réflexions MP 59, 60 et 61 de l'édition Truchet.

L'édition G.E.F. inscrivait au numéro 562 (MP 59) la formule « L'enfer des femmes, c'est la vieillesse », que Saint-Évremond attribuait à notre auteur. L'édition Truchet y ajoute les deux maximes : « Les soumissions et les bassesses que les seigneurs de la Cour font auprès des ministres qui ne sont pas de leur rang sont des lâchetés de gens de cœur » (MP 60) et : « L'honnêteté [n']est d'aucun état en particulier, mais de tous les états en général » (MP 61), qui ont été recueillies par Segrais.

NOTES SUR LES RÉFLEXIONS DIVERSES

Réflexion I.

Page 161.

1. Cf. *Évangile selon saint Marc*, XII, 41-44 et selon saint *Luc*, XXI, 1-4, où le Christ oppose aux riches qui ont donné de leur

superflu la veuve qui a donné tout ce qu'elle avait, deux petites pièces de monnaie.

Page 162.

2. Une condamnation à mort aurait été prononcée, selon Quintilien, *Institution oratoire*, V, IX, 13, par le tribunal de l'Aréopage contre un enfant qui arrachait les yeux à des cailles.

3. Philippe II d'Espagne fut accusé d'avoir fait empoisonner son fils, Don Carlos. Le *Dom Carlos* de Saint-Réal date de 1672.

4. Chantilly était la propriété de Monsieur le Prince, c'est-à-dire de Condé, et c'est en 1673 que La Rochefoucauld et Mme de Lafayette y séjournent et admirent les embellissements apportés entre 1672 et 1673. La demeure de Liancourt était entrée dans la maison des La Rochefoucauld en 1659, lors du mariage de François VII avec sa cousine, Mlle de Liancourt.

Réflexion II.

Page 166.

5. Cf. la maxime 104. On rapprochera cette Réflexion II des Réflexions III et XIII.

Réflexion III.

Page 167.

6. On rapprochera ce passage et la conclusion de la Réflexion des vers 69 *sq.* de l'*Épitre* IX de Boileau.

Page 168.

7. Les phrases en italique étaient barrées sur le manuscrit A (163) et elles n'apparaissent pas dans le manuscrit 325 *bis*.

Réflexion IV.

Page 171.

8. Ce texte est à rapprocher de Montaigne (*Essais*, III, III), Charron (*Sagesse*, II, IX), Méré (*Les Conversations*, IV) et La Bruyère (*Les Caractères, De la société et de la conversation*).

Réflexion V.

9. Cf. la maxime 62.

Réflexion VI.

Page 174.

10. Réflexion barrée sur le manuscrit A (163) et absente du manuscrit 325 *bis*. Comme J. Truchet, nous la donnons donc en italique.

Réflexion IX.

Page 177.

11. Cf. la maxime 430.

Réflexion X.

Page 178.

12. Gilbert met en relation cette Réflexion avec une « conversation d'une après-dînée » chez Gourville « sur les personnes qui ont le goût au-dessus ou au-dessous de leur esprit » (lettre de Mme de Lafayette du 4 septembre 1673). Le texte de La Rochefoucauld serait dès lors de cette année 1673.

Réflexion XI.

Page 180.

13. Ce texte met en œuvre les idées répandues par les traités de « physionomie », où tel type humain est mis en relation avec tel animal. La recherche de ces « similitudes », caractéristique de l'esprit du XVIe siècle, se rencontre chez le peintre Le Brun qui s'y intéressa dans une conférence en 1671.

14. Terme de vénerie désignant les lévriers employés à « courre la grosse bête », le loup et le sanglier par exemple.

15. Expression proverbiale pour désigner « les gens qui ne savent ni faire, ni laisser faire, parce que les chiens qui gardent les jardins ne mangent ni légumes ni fruits, et n'en laissent pas prendre » (Gilbert).

Page 181.

16. Cet exemple semble avoir fourni à La Fontaine l'un des motifs de la fable intitulée *Discours à Monsieur le Duc de La Rochefoucauld* (*Fables*, X, XIV), où le fabuliste loue notre auteur et tient à révéler qu'il a reçu de lui « le sujet de ces vers ».

Réflexion XII.

Page 182.

17. Comme la Réflexion VI, celle-ci est barrée sur le manuscrit A (163) et absente du manuscrit 325 *bis*.

Réflexion XIII.

Page 185.

18. Gilbert voit, non sans raison, une allusion à Louis XIV dans ce dernier paragraphe.

Réflexion XIV.

Page 186.

19. Cf. la maxime 153.

Page 189.

20. Le prince de Condé, déjà rapproché de Turenne dans la maxime 198.

21. Turenne fut tué le 27 juillet 1675, près de Salzbach, et sa mort mit « toute la Cour... en larmes » dit Mme de Sévigné, dont on lira les lettres par elle consacrées à l'événement. « Pour moi, écrit-elle, qui vois en tout la Providence, je vois ce canon chargé de toute éternité. »

Réflexion XV.

Page 190.

22. La physique du temps comprend toutes les sciences de la nature.

Page 191.

23. Roman de chevalerie célèbre, l'*Amadis de Gaule* connut, dans ses nombreuses versions, portugaises, espagnoles ou françaises, un succès considérable.

Réflexion XVI.

Page 194.

24. *Finesse* est toujours pris par La Rochefoucauld au sens péjoratif. L'« esprit de finesse » n'a donc ici rien de commun avec ce que Pascal désigne par ce nom, en l'opposant à l'« esprit de géométrie ».

Page 195.

25. Affirmation assez différente de celle de la maxime MS 7.

26. Cf. la maxime 456.

Page 196.

27. Cf. la maxime 451.

Réflexion XVII.

Page 197.

28. Cf. la maxime 473.

Réflexion XIX.

Page 200.

29. Henri de Joyeuse, après la mort de sa femme, se fit capucin en 1587, sous le nom de Père Ange. En 1592, il quitte le couvent pour combattre à la tête des Ligueurs du Languedoc. Contrairement à ce que dit La Rochefoucauld, il combat donc alors Henri IV, dont l'abjuration n'intervint qu'en juillet 1593. Il marie sa fille en 1599, rentre au couvent et meurt en 1608, à quarante et un ans, lors d'un voyage à Rome qu'il avait voulu faire nu-pieds.

Page 201.

30. Allusion à la conjuration de 1640 qui rétablit l'indépendance du Portugal. Les conjurés, sous la conduite de Pinto Ribeiro, mirent sur le trône le duc de Bragance, qui prit le nom de Jean IV. Le complot fut formé à l'instigation de la femme du duc, Louise de Guzman.

31. Ces « domestiques », au sens classique du mot, étaient le duc de Caminha et le comte d'Armamar.

32. Jean IV régna en réalité de 1640 à 1656.

Page 202.

33. Ce long alinéa sur Mlle de Montpensier, dite la Grande Mademoiselle, « petite-fille de France » puisque petite-fille de Henri IV, ne se rencontre que dans le manuscrit 325 *bis*. Le projet d'épouser Lauzun date de 1670. Mademoiselle avait quarante-trois ans. Cette aventure défraya la chronique, comme en témoignent les lettres de décembre 1670 de Mme de Sévigné.

Page 203.

34. « Monsieur » désigne traditionnellement le frère du Roi, qui est ici Philippe d'Orléans. « Monsieur le Prince » est Condé. L'un et l'autre interviennent au titre de princes du sang, pour éviter la mésalliance.

Page 204.

35. « Madame douairière » est Marguerite de Lorraine, veuve de Gaston d'Orléans et belle-mère de Mademoiselle. Rappelons que Mademoiselle était la fille unique de la première femme de Gaston d'Orléans, Marie de Bourbon Montpensier.

Page 206.

36. Alphonse VI (1643-1683). L'histoire est moins étrange que ne le laisse entendre La Rochefoucauld quand on sait qu'Alphonse VI sombra dans l'imbécillité à la suite de ses débauches.

37. Tomaso Aniello suscita en 1647 cette révolte contre le vice-roi, représentant à Naples du roi d'Espagne. Mas' Aniello ne mourut pas « frénétique », mais tué par des assassins aux gages du vice-roi.

Page 207.

38. Christine de Suède (1626-1689) est fortement idéalisée par La Rochefoucauld qui la connaissait et l'accompagna lors de son passage en France. J. Truchet a publié dans son édition d'intéressantes « Remarques de la reine Christine de Suède sur la troisième édition des *Maximes* ».

39. Casimir V, ou Jean Casimir (1609-1672), d'abord jésuite et cardinal, puis roi, abdiqua après la mort de sa femme, devint abbé de Saint-Germain-des-Prés et mourut à Nevers.

40. Il s'agit de Cromwell (1599-1658), qui, en faisant condamner à mort Charles Ier en 1649, fit scandale en France.

Page 208.

41. Cet « homme qui maintenait seul la liberté publique » est le républicain Jean de Witt, massacré en 1672 avec son frère, lors d'une émeute fomentée par les partisans de Guillaume d'Orange.

42. Léopold Ier, empereur d'Allemagne (1640-1705).

43. Charles II d'Angleterre, allié de Louis XIV par le traité de Douvres (1670).

Page 209.

44. La paix de Nimègue, signée en août 1678, mit fin à la guerre de Hollande.

Page 210.

45. Victoire de « Monsieur », Philippe d'Orléans, sur Guillaume d'Orange (11 avril 1677).

46. L'alliance anglo-hollandaise date de janvier 1678.

Page 211.

47. On ne voit pas exactement à quels événements contemporains l'auteur fait allusion en évoquant les « prostitutions d'Héliogabale » et la mauvaise foi des Grecs. Les « poisons » de Médée
évoquent l'affaire célèbre des poisons, qui, en 1676, s'acheva par
la condamnation à mort de la Brinvilliers.

Appendice.

Page 212.

48. Bien que, seules, les Remarques sur les commencements de
la vie du Cardinal de Richelieu relèvent du genre des Réflexions,
nous donnons ici, après J. Truchet, les pièces que contient le
manuscrit 325 *bis,* à la suite de la Réflexion XIX. Et nous leur
adjoignons l'autoportrait du moraliste paru en 1659 dans le
Recueil des portraits, bien qu'il n'appartienne à aucun des deux
manuscrits des *Réflexions diverses.*

1. *Portrait de Mme de Montespan.*

49. La Rochefoucauld attribue par erreur à *Françoise-Athénaïs,*
marquise de Montespan, le prénom de sa mère, *Diane,* duchesse
de Mortemart.
50. Julie d'Angennes, duchesse de Montausier, bien connue par
le rôle qu'elle tint dans le salon de sa mère, la marquise de
Rambouillet, favorisa, semble-t-il, les amours du roi avec Mme de
Montespan.

Page 213.

51. Tant pour le « dessein de plaire au Roi » qu'aurait eu
Mme de Montespan que pour la vocation de Mlle de La Vallière,
qui prit l'habit en 1674, l'interprétation avancée par l'auteur doit
être corrigée par le témoignage d'autres contemporains, en
particulier Saint-Simon.

2. *Portrait du cardinal de Retz.*

52. Il existe plusieurs versions de ce portrait : sur cette
question complexe, on consultera l'article d'André Bertière, « A
propos du portrait du cardinal de Retz par La Rochefoucauld »,
R.H.L.F., juillet-septembre 1959. De son côté, Retz a donné,
dans ses *Mémoires,* un portrait de La Rochefoucauld qu'on pourra
confronter au portrait de La Rochefoucauld par lui-même.

3. *Remarques sur les commencements de la vie du cardinal de Richelieu.*

Page 215.

53. M. de Luçon désigne l'évêque de Luçon, Richelieu. De même, plus bas, M. de Nevers est à l'époque Eustache du Lys, évêque de Nevers.

54. Concini, assassiné en 1617 à l'instigation du favori de Louis XIII, le duc de Luynes.

Page 217.

55. Richelieu fut exilé un an à Avignon (1618-1619). La retraite à Blois de la Reine mère, Marie de Médicis, est de 1617 et Richelieu l'y avait accompagnée.

56. L'armée royale s'empara en 1620 des Ponts-de-Cé, petite ville près d'Angers tenue par les troupes de la Reine mère. La paix y fut signée quelques jours après. La version des faits présentée par La Rochefoucauld est, ici encore, sujette à caution.

4. *Le Comte d'Harcourt.*

57. Henri de Lorraine, comte d'Harcourt (1601-1666), fut fidèle au roi pendant la Fronde, où il eut à combattre Condé et La Rochefoucauld.

58. Voir dans la Réflexion XIV le parallèle de Condé et de Turenne.

Portrait de La Rochefoucauld par lui-même

Page 221.

59. Cet autoportrait anonyme a paru sous le titre « Portrait de M.R.D. fait par lui-même » dans le *Recueil des portraits et éloges,* de 1659, et sous le titre « Portrait de Monsieur le duc D.L.R. fait par lui-même » dans *La galerie des peintures* de 1663.

NOTES SUR LES MAXIMES DE MADAME DE SABLÉ

Page 227.

1. Si nous donnons les maximes de Mme de Sablé, ce n'est pas pour suggérer une comparaison qui tournerait trop souvent au désavantage de la marquise. C'est que les contemporains ne se

sont pas fait faute d'opposer au tableau très sombre « de la corruption générale » qu'ils trouvaient chez La Rochefoucauld des pensées que Mme de Lafayette juge « honnêtes et raisonnables ». Sur l'amitié, sur le paraître, sur la sagesse toute relative de l'homme, les conclusions sont pourtant les mêmes et plusieurs réflexions sont parallèles, comme nous l'indiquons en note. Plus proche de ses sources — Aristote, Montaigne, Gracián, Senault — Mme de Sablé est plus critique à l'égard des Grands ou des liens du sang et la réflexion 68 témoigne d'une sensibilité aux inférieurs qu'on ne rencontre guère à cette date que chez Mitton.

Publiées par l'abbé d'Ailly en 1678, ces maximes, que certains éditeurs ont jointes à celles de La Rochefoucauld, n'ont été republiées séparément que par Jouaust, dans le Cabinet du Bibliophile, en 1870.

Page 230.

2. Cf. La Rochefoucauld, max. 117.

Page 232.

3. Cf. *ibid.*, MS 35.

Page 233.

4. Cf. *ibid.*, max. 457.

Page 234.

5. Cf. *ibid.*, max. 399.

Page 236.

6. Cf. *ibid.*, max. 139.

Page 237.

7. Cf. *ibid.*, max. 245.

Page 238.

8. Cf. *ibid.*, max. 199.
9. Cf. *ibid.*, max. 265.

Page 239.

10. Cf. *ibid.*, max. 88.
11. Cf. *ibid.*, max. 162.

Page 241.

12. Cf. *ibid.*, max. 283 et MS 59.

Page 245.

13. Cf. *ibid.*, max. ME 14.

14. Cf. *ibid.*, max. 462.

Page 246.

15. Cf. *ibid.*, max. 83. Des affections, Senault dit que la plupart « sont des commerces qui ne durent que pendant qu'ils sont entretenus par l'espérance du profit ou du plaisir ». *De l'usage des passions* (Seconde partie, I, 1).

Page 247.

16. Cf. *ibid.*, MS 13.
17. Cf. *ibid.*, max. 70.
18. Cette réflexion sur la comédie, longtemps attribuée à Pascal (*Pensées*, éd. Brunschvicg 11; Lafuma 764; Le Guern [Folio] 640), est maintenant restituée à Mme de Sablé (*Pensées*, éd. Lafuma, J. Delmas, 1960, p. 436-437).

NOTES SUR LE DOSSIER

Avis au lecteur.

Page 260.

1. Le libraire est censé s'adresser au lecteur. La *Lettre* dont il est question dans le cours du texte n'est autre que le *Discours* qui suit l'*Avis au lecteur*.

Discours sur les Réflexions.

Page 261.

2. Ce Discours, anciennement attribué à Segrais, est de Henri de La Chapelle-Bessé, hôte et peut-être secrétaire du Président Lamoignon (cf. *infra*, la lettre au Père Thomas Esprit, *in fine*). Après l'avoir sollicité, La Rochefoucauld semble avoir peu apprécié ce Discours, qui disparaîtra dès la seconde édition.

Page 263.

3. Tacite, *Annales*, XVI, 18.
4. Le Tasse, *La Jérusalem délivrée*, XVI, x.

Page 264.

5. Cf. saint Augustin, *La Cité de Dieu*, I, xix.
6. Cf. Sénèque, *Lettres à Lucilius*, LXXIII, 12-13.
7. Sénèque, *De la tranquillité de l'âme*, VII, 2.

8. Sénèque, *Du Bonheur*, XXVII, 5.
9. Cf. Tacite, *Annales*, XIV, LII.
10. Cf. Sénèque, *Lettres à Lucilius*, LXVI, 18.

Page 265.

11. Ces passages adaptent, en les amalgamant, divers textes de saint Augustin.
12. Citation, assez infidèle, des *Entretiens solitaires* de Brébeuf (1660)

Page 266.

13. Autre passage adapté de Brébeuf.
14. Le texte de Montaigne (*Essais*, II, I) est interprété très librement par La Chapelle.

Page 267.

15. Amplification d'Horace, *Satires*, II, 3, v. 48-51.

Page 268.

16. Guarini, *Il Pastor fido*, I, 1. Cf. la maxime MS 33.
« Je suis homme, et je me vante d'être humain; et à toi qui es homme et qui ne peux être autre chose, en tant qu'homme, je parle d'une chose humaine; et si par hasard tu dédaignes un tel nom, prends garde, jeune orgueilleux, qu'en te déshumanisant, tu ne deviennes une bête au lieu d'un dieu. » Guarini part du vers célèbre de Térence, *Homo sum; humani nihil a me alienum puto*, en se contentant d'en donner la traduction : « Je suis homme et j'estime que rien de ce qui est humain ne m'est étranger. »

Lettre de La Rochefoucauld au Père Thomas Esprit.

Page 269.

17. Cette lettre, du « 6 février », fait allusion à l'édition de Hollande et ne peut être que du 6 février 1664. Le Père Esprit, frère de Jacques Esprit, était oratorien, et fréquentait l'hôtel de Liancourt. Cette même année 1664, l'archevêque de Paris lui confiera la charge de diriger les religieuses de Port-Royal.

Page 270.

18. Le « parent » étant Jacques Esprit, l'« ami » est, selon toute vraisemblance, La Rochefoucauld lui-même. On remarquera que les *Maximes* sont ici présentées comme l'œuvre collective — dans leur inspiration augustinienne du moins — du moraliste et de J. Esprit.

19. Allusion à la première maxime des copies de 1663 comme de l'édition de Hollande, qui deviendra la maxime 182.

20. Allusions à la duchesse de Liancourt, tante de l'auteur, et à Mme du Plessis-Guénégaud, dont le salon fut réputé tant par la qualité de ses hôtes (dont La Rochefoucauld et Mme de La-fayette) que par son opposition politique à Colbert.

21. Le Président Lamoignon réunissait des gens de lettres et il constituera en 1667 une Académie que fréquenta Boileau. Le Père Rapin fréquentait à la fois le milieu de Mme de Sablé et l'Académie Lamoignon : une lettre qui lui est adressée par La Rochefoucauld le montre assurant la liaison entre le moraliste et La Chapelle.

Variantes.

Page 271.

22. Dans l'impossibilité où nous étions de donner toutes les variantes, nous n'avons retenu que certaines des plus significatives. On y verra l'importance accordée à une formulation plus claire mais aussi plus élégante et plus subtile. De ce travail sur le texte, manuscrits et éditions ne nous donnent pourtant qu'un témoignage incomplet, si l'on veut bien admettre, fût-ce en faisant la part de l'exagération, que certaines maximes auraient été, selon le *Segraisiana*, « changées plus de trente fois ».

INDEX DES PRINCIPAUX THÈMES

Notre Index renvoie à la numérotation des Maximes *(chiffres arabes) et à celle des* Réflexions diverses *(chiffres romains).* MS = *Maximes supprimées,* ME = *Maximes écartées.*

RÉFLEXIONS OU SENTENCES
ET MAXIMES MORALES (1678)

RÉFLEXIONS DIVERSES

MAXIMES DE MADAME DE SABLÉ   227

DOSSIER

COLLECTION FOLIO

Impression Bussière Camedan Imprimeries
à Saint-Amand (Cher),
le 15 avril 1997.
Dépôt légal : avril 1997.
1er dépôt légal dans la collection : mars 1976.
Numéro d'imprimeur : 1/992.
ISBN 2-07-036728-2./Imprimé en France.